A4 2장 쓰면 책 1권 쓴다

A4 2장 쓰면 책 1권 쓴다

초판 1쇄 발행 | 2021년 2월 24일

지은이 | 나애정
펴낸이 | 김지연
펴낸곳 | 생각의빛

주 소 | 경기도 파주시 한빛로 70 515-501
출판등록 | 2018년 8월 6일 제 406-2018-000094호

ISBN | 979-11-90082-80-8 (03190)

원고 투고 | sangkac@nate.com

* 값 13,300원

* 생각의빛은 삶의 감동을 이끌어내는 진솔한 책을 발간하고 있습니다.
참신한 원고가 준비되셨다면 망설이지 마시고 연락주세요.

A4 2장 쓰면 책 1권 쓴다

나애정 지음

생각의빛

제4장 A4 2장 이렇게 쓰라

제5장 내가 쓴 책 1권으로 가슴 떨리는 삶을 산다

제1장

책 1권 쓰고 나면, 변하는 것들

왜, 그동안 나는 책을 쓰지 못했을까?

2018년 4월, 한 권의 책이 시발점이 되어 현재까지 나는 책을 쓰고 있다. 앞으로도 책 쓰기는 계속, 나의 삶이 될 것이다. 현재 필리핀에서 세부살이를 하고 있는 나는 아이들 학교를 보내고 책을 쓴다. 책 쓰기를 하다 보면 금방 오전이 가고, 오후 시간이 다가온다. 오늘은 무엇을 할까?,라고 생각해 보지 않았다. 그냥 책 쓰기로 하루가 훌쩍 바삐 지나가기 때문이다. 매일 쓰다보면 일정 시간이 지나면 초고가 완성이 된다. 초고를 탈고하고 출판사와 계약을 하면 새로운 책이 출간된다. 하루가 지루하지 않고 의미 있게 보내면서 또한 책 출간이라는 결과물도 얻을 수 있어, 세부 살이에서 할 일 중에서 책 쓰기만큼 좋은 일도 없는 듯하다.

타향살이, 사실, 세부에서 살면서 자칫 지루함을 느낄 수 있다. 필리핀 세부라는 나라가 계절의 변화가 없고 항상 더운 날씨이고 한국보다는 특별히 놀 거리가 많은 편이 아니기 때문이다. 그래서 자칫 지루하고 무료하고 때론 우울할 수 있지만 책 쓰기를 통해서 나는 이런 감정을 느끼지 않는다. 세부 살이에서뿐 아니라 한국에서의 삶에서도 책 쓰기가 효자라는 생각이 든다. 출간되는 책도 반갑지만 시간을 가치 있게 보낼 수 있어 더욱 좋다. 이렇게 좋은 것을 그동안 왜 하지 못했을까? 자문해 본다. 책을 쓰기 전에 느끼지 못한 의문이다. 책을 써보니, 그것의 가치를 알게 된 것이다. 책 쓰기의 가치 한두 가지가 아닌데, 그 전에는 미처 알지를 못했다. 무엇이 나를 책 쓰기와 거리가 멀게 했을까?

책 쓰기의 놀라운 가치들을 일일이 나열하기는 쉽지 않다. 너무나 많기 때문이다. 유명한 베스트셀러 작가가 되지 않는다 하더라도 상관이 없다. 책 쓰기 하는 그 자체만으로 우리가 얻는 것이 많다. 그 어떤 일보다도 삶을 바꾸는데 큰 역할을 하는 것이 책 쓰기라고 말할 수 있다. 그런 책 쓰기를 왜 진작하지 못하는가?, 안타까운 마음과 함께 그 이유들을 생각해 보았다. 아마도 책 쓰기에 대한 잘못된 선입견이 그 원인이 될 수 있겠다. 그 구체적인 선입견들은 다음과 같다.

첫째, 책 쓰기는 글을 잘 쓰는 사람이 쓰는 것이라고 생각한다.

'책 쓰기 아무나 하나?', 쉽게 이런 표현을 쓴다. 하지만, 쓰고자 하는 의지만 있다면 얼마든지 쓸 수 있다고 말하고 싶다. 미사여구로 맛깔스럽게 잘 쓰지 못하더라도 책을 쓸 수 있는 것이다. 나는 책을 쓰기 전까지만 해도 글을 쓰지 않았다. 그럼에도 불구하고 현재는 7권의 책을 출간했다. 우리가 가진 책 쓰기에 대한 부정적인 고정관념의 대표적인 것이 자신은 책을 쓰지 못한다, 라는 것이다. 책 쓰기 해봤는가?, 해보지도 않고 미리부터 자신에게 한계를 지우지 말자. 스스로 한계를 지었기 때문에 그 동안 시도를 못했다. 자신의 경험과 지식을 소중하게 생각해야한다. 살아온 경험과 지식으로 자신의 책을 충분히 쓸 수 있다. 그리될 수 있다고 이제, 생각하자.

둘째, 책 쓰기는 성공한 사람들만이 하는 것이라고 여긴다.

책이란 것이 성공해야만 쓸 수 있는 것인가? 라는 자문에 자기 계발서라면 당연히 성공해야 쓴다, 라는 생각을 한다. 나는 주로 자기 계발서를 쓰고 있다. 특별히 성공하지 않아도 지금은 쓴다. 성공해야 쓸 수 있는 것이 아니라 경험한 것이나 공부한 것을 공유하고자 하는 마음만 있다면 쓸 수 있는 것이 자기 계발서이다. 내가 경험한 것들, 공부한 것들은 수도 없이 많다. 그 소중한 것들을 아주 쉬운 단어들을 이용해서 이해하기 쉽게 말하듯이 쓰면 된다. 세부 살이를 하고 있는 나의 경험이 이제 막 세부 살이를 시작하려는 사람에게 소중한 이야기가 될 수 있다. 책 쓰기 한 나의 이야기들은 이제 책 쓰기를 간절히 원하는 사람에게, 막 책 쓰기 하려는 사람에게 책 쓰기 방법의 노하우를 알려주는 이야기가 된다. 그 대상이 비록 한 사람일지라도 나의 경험과 지식을 공유하겠다고 생각한다면 충분히 책을 쓸 자격이 주어지는 것이다.

셋째, 책 쓰기는 나와는 상관없는 일이라고 생각한다.

책을 읽으면서도 책 쓰는 것은 나의 일이 아니라고 아예, 못을 박고 읽기 시작했을 것 같다. 나의 믿음이 근거 없이 때론 강철보다 강할 때가 있다. 무슨 근거로 나는 책을 못 쓰는지, 납득할 만한 이유도 없이, 막연하게 아마도 그럴 것이다, 라는 부정적 믿음으로 책 쓸 생각조차 하지 않는다. 생각이 없으니, 시도도 하지 못하는 것이다.

넷째, 책 쓰기, 나도 할 수 있다, 라는 생각자체를 하지 않는다.

책 쓰기 자체는 아주 특별하게 생각한다. 앞의 첫 번째의 이유와 연관이 있다. 책 쓰기가 타고난 재능이 있어야 쓸 수 있다고 막연히 생각하기에 나는 할 수 없을 것이다, 라고 생각해버리는 것이다. 나는 책을 쓰고 난 뒤 확실히 알게 되었다. 책 쓰는 것은 재능과는 상관없다. 재능과 상관이 있다면 나는 책을 못 썼을 것이고, 7권을 출간하지 못했을 것이다. 책 쓰기 재능으로 쓰는 것이 아니라, 자신감과 노력으로 쓰는 방법을 배워서 쓰는 것이다. 쓰려는 욕구와 의지만 있다면 누구나 쓸 수 있다.

다섯째, 책 쓰기의 가치를 알려고 하지 않는다.

책 쓰기 그냥 쉽게 넘길 만한 것이 아니다. 누군가가 천만 원을 줄 테니, 1주일만 새벽에 일어나라, 라고 제안했다면 기를 쓰고 새벽에 일어날 것이다. 새벽에는 절대 일어나지 못해, 라고 주장한 사람들도 이때만은 예외가 된다. 마찬가지로, 돈으로 환산할 수 없는 가치가 있는 책 쓰기에 대한 실체를 제대로 알게 된다면 어떤 어려움이 있더라도 책 쓰기를 시도하게 될 것이다. 책 쓰기는 천만 원 이상의 가치, 돈으로 환산할 수 없는 가치가 있다는 것이 사실이다. 우선 책 쓰기의 특별한 가치를 제대로 알아보고 시작하자. 가치를 알면 제대로 동기 부여받고 꼭 해야 하는 일로 책 쓰기를 받아들이게 될 것이다.

내 인생 첫 책을 출간하고 난 후, 나의 삶은 변화되었다. 긍정적인 일들이 일상사처럼 일어났다. 검색 창에 내 이름 석 자만 쳐도 출간한 나의 책들이 검색된다. 이것 하나만으로도 나는 마음이 뿌듯해진다. 다른 사람에 비친 나의 모습은 책 쓴 직장인으로 특별하게 인지될 것이다. 자기 발전에 노력하는 성실한 사람으로 인정을 받아 이미지도 좋아진다. 무엇보다 나 스스로 삶에 대한 자세가 달라진다는 면에서 책 쓰기는 특별한 것이다. 시간의 소중함을 알게 되고, 책 쓰기에 시간을 할애하기 위해 쓸데없이 낭비하는 시간도 줄이게 되었다. 삶을 대하는 태도가 아주 성실해진다.

삶의 혁신을 일으키는 책 쓰기, 그동안 나는 알지 못했다. 제대로 알지 못했기 때문에 단순히 나의 길이 아니라고만 치부해 버렸다. 중요한 것을 간과하고 열심히만 산 삶이었다. 하지만 출간 후 완전히 바뀐 인생이 되었고, 앞으로도 계속 성장하고 성공으로 나아가고 있다. 책 쓰기란 성장 시스템을 제대로 장착했기 때문이다. 책 쓰기에 대한 부정적 고정관념을 버리고, 스스로 한계를 두지 말자. 지금이라도 늦지 않았다. 과감하게 책 쓰기 도전해 보길 권한다.

진작 쓰지 못한 아쉬움이 생긴다

나는 늦은 나이에 책을 출간했다. 한평생 직장 생활만 하였기에 50대가 다 되어서는 직장에 대한 회의감이 찾아왔었다. 아이도 어려서 육아에 대한 어려움까지 겹치면서 삶의 위기감을 느끼게 되었다. 이대로는 있을 수 없어, 뭔가 돌파구가 필요해, 라는 생각으로 책 쓰기를 시작하게 되었다. 변화에 대한 욕구가 간절한 만큼 책 쓰기에 쏟는 열정도 뜨거웠다. 책 쓰기를 시작하여 초고 쓰기 1달, 투고, 계약, 출간까지 모든 과정이 짧은 기간에 끝났다. 그렇게 나의 인생 첫 책인 《하루 한 권 독서법》은 세상에 나왔다.

책을 출간하고 나서 나는 딴 세상에 온 듯 황홀했다. 책을 출간하고 나서 그런 감정을 느낀 이유는 나도 책이란 것을 쓸 수 있구나, 작가의 세계가 남의 일이 아니구나, 하는 깨달음을 가지게 되었기 때문이다. 내가 책으로 삶의 문제 해결에 대한 힌트를 얻었듯이, 나의 삶도 그 누군가에게 새로운 아이디어가 되게 하는 원동력이 될 수 있다는 사실에 흥분했다. 그것처럼 가치 있는 일이 어디에 있겠는가?, 누군가에게 내 삶이 동기부여가 되고 삶의 문제를 해결하는 원천이 될 수 있다는 현실을 접하면서 스스로 만족스러웠고 행복했다.

"그래, 내가 앞으로 살 삶은 책 쓰는 삶이야."

라는 각성이 왔다. 하지만 또 다른 각성도 함께 따라왔다. 왜 나는 그동안 책을 쓸 생각을 하지 못했을까? 왜 진작 책이란 것을 쓰지 않았을까? 나도 대학 때는 독서를 열심히 했고, 충분히 책들에 노출이 되어있었는데, 꿈에도 내가 책을 쓴다는 생각을 나는 하지를 못했다. 왜 그랬을까? 젊은 사람도 책 쓰기를 많이 하고 있다. 오히려 젊었을 때 책 쓰기를 해야 함을 지금 이 나이에 쓰고 보니 뼈저리게 느끼고 있다. 그래서 나는 상상해 보았다. 20, 30대에 책을 썼다면 나는 더 일찍 다른 삶을 살았을 것이다. 그 삶은 아마도 다음과 같을 것이다.

첫째, 나는 목표 있는 삶을 살았을 것이다.

젊었을 때, 책을 썼다면, 가장 먼저 생각나는 것이 이것이다. 목표 있는 삶, 그것이 나의 삶이었을 것이다. 젊었을 때 많은 사람들이 방황을 한다. 나도 마찬가지였다. 젊기 때문에 나는 괴롭다고까지 표현했다. 왜 그렇게까지 힘들게 느꼈는지 지금은 잘 모르겠으나, 분명한 것은 누구나 그런 힘든 젊은 시절의 과정이 있고, 그것은 성장을 위한 하나의 성장 통 일수 있다는 것이다. 하지만 너무 길게 그런 시간을 갖는다면 귀한 젊은 시간이 아깝게 소비된다. 적당히 힘들어하고 적당히 그곳으로부터 벗어나야 한다. 만약 그때, 책을 썼다면 상황이 많이 달라졌을 것 같다. 성장 통에만 빠져있지 않고 목표를 세워 건설적으로 책을 읽고 쓰는 시간으로 젊은 시간을 채웠을 것이다.

책을 쓰고 나면 또 쓰게 된다. 처음이 어렵지, 방법을 배우면서 다음에는 또 쓰게 된다. 책 쓰는 삶을 살면서 분명한 목표를 가지게도 된다. 왜냐하면 쓰는 것은 책을 읽는 것과 동시에 하기 때문이다. 읽으면서 쓰고 쓰면서 읽는 시간으로 하루를 채우게 되어 자신도 모르게 책의 위인들로부터 영향을 받게 된다. 지금 내가 읽고 있는 브라이언트레이시나 나폴레온 힐 같은 책들을 젊었을 때 읽었다면 많은 변화들이 있었을 것이라 생각한다.

책 쓰기는 단순한 책 쓰기만을 말하지 않는다. 읽고 쓰면서 그 어떤 공부보다 많은 공부가 된다. 깊이도 있다. 한 권의 책을 쓰기 위해서 같은 주제의 책을 최소 20권 이상은 읽는다. 나는 내 인생 첫 책을 쓸 때 대략 100권 정도 읽었다. 쓰는 주제와 직접적으로 관련된 책들과 간접적으로 관련된 책, 될 수 있으면 내가 쓰려는 주제에 대한 책을 읽으면서 쓰게 된다.

결국 젊은 날 책 쓰기를 통해서 놀라운 성장과 함께 삶의 목표의식을 가지게 된다. 목표 있는 삶과 목표 없는 삶의 차이는 크다. 젊었을 때 목표 있는 삶을 살았다면 목표를 향해 투자하는 시간이 길어지기 때문에 그것은 달성할 가능성이 높아진다. 하지만 나는 목표를 세우지 못했다. 그것의 가치를 잘 몰랐기 때문이다. 목표가 얼마나 위대한 힘을 발휘하는지 미처 깨닫지 못했다. 이것은 읽지 않았기 때문이다. 책 쓰기를 했다면 읽었을 것이고 읽고 쓰기 때문에 나는 목표의 소중함을 알고 목표 있는 삶을 살게 되었을 것이다. 그리고 젊은 그 시간을 더욱 소중히 목표를 이루는 시간으로 활용했을 것이다. 아마도 많은 결과물을 만들고 그 결과물만큼이나 나도 성장하고 비범해졌을 것이다.

두 번째, 책 쓰기를 젊었을 때 했다면 출간한 책의 수만큼 성장의 수준도 높아졌을 것이다.

현재 책을 쓰면서 느끼는 것은 책 쓰기는 공부라는 것이다. 책 쓰기를 하기 위해 내가 정한 주제에 대한 공부를 하기 때문에 자연스럽게 깊이 있는 공부가 된다. 세상의 많은 주제들에 대해 공부하고 쓰는 과정을 계속 이어 갈 수 있다. 세상의 가치 있는 것들에 대해 배울 수 있는 기회가 바로 책 쓰기과정이라고 말할 수 있다. 그렇게 호기심은 계속 된다. 책 쓰기를 하다보면 계속 읽을수록 읽는 주제가 확장되듯이 쓰기에서도 똑같이 쓰고 싶은 주제가 늘어난다. 다양한 주제를 쓰는 만큼 책은 계속 출간이 될 것이고 그 만큼 많은 주제들에 대한 지식과 지혜를 소유하게 된다. 젊은 시간이 스스로 이렇게 공부하는 시간으로 채워지고 시간이 지나면서 출간되는 책의 수가 많아진다. 출간할수록 성장은 따라오게 된다.

세 번째, 책을 씀으로써 아이디어를 얻어 새로운 기회와 도전의 시간을 가졌을 것이다

책 쓰기는 책읽기이다. 쓰기 위해 읽게 되고, 읽는 후에 새로운 아이디어를 얻게 된다. 아이디어가 실천으로 이어진다면 새로운 기회와 도전의 시간이 될 수 있다. 현실은 자신의 생각에서부터 나온다. 아이디어가 좋으

면 좋을수록 자신에게 더 값진 것들을 얻는다. 부를 달성하는 것도 아이디어가 있다면 훨씬 쉽고도 빠르면서 덜 힘들이고 얻을 수 있다. 나는 모든 것이 아이디어라고 말하고 싶다. 이런 아이디어는 자신의 머리에서 순수하게 100%가 나오기는 어렵다. 읽으면서 쓰면서 수많은 아이디어는 재창조되는 것이다. 그렇기 때문에 젊은 나이에 책 쓰기를 시작할수록 놀라운 기회를 얻고 도전의 시간들을 더 많이 가지게 된다.

책을 쓰고 난 뒤 나는 이런 생각들로 많이 아쉬워했다. 하지만 지금이라도 책 쓰기를 하게 되어서 얼마나 다행인가? 책 쓰기 하지 않았다면 이런 아쉬움도 모른 체, 살던 방식대로 직장만 열심히 다니면서 살다가 갈 뻔했다. 책 쓰기 이제는 누구나 하는 시대라고 했다. 나도 할 수 있다. 책 쓰기 시도해보자. 해보고 나서 아니면 그만두어도 된다. 그래도 남는 장사이다. 방법을 몰랐다면 지금부터 그 방법을 찾고, 이미 먼저 했던 사람들이 들려주는 방법과 노하우를 참고삼아 책 쓰기 도전하시길 바란다. 충분히 할 수 있고, 그것으로 얻는 가치가 커서 앞으로의 삶에서도 혁신의 바람이 일어날 것이다.

지금이라도 쓴 것에 감사하다

가끔씩 아이들 자는 모습을 보면 너무나 사랑스럽다. 이 귀여운 아이들, 나는 늦게 만났다. 40세가 넘어서 첫째를 낳고, 둘째도, 나이가 많은 관계로 연이어 낳게 되었다. 거의 연년생으로 태어난 아이들, 남매지간 잠시도 조용할 날이 없이 장난치고 싸우고 하지만 이 아이들 안 낳고 그냥 이 나이가 되었으면 어쩔 뻔 했나?,라고 가슴을 쓸어내린다.

늦게 아이 둘을 낳고 나니, 주변에서 걱정을 했다. 저 아이들 하나도 아니고 둘씩이나 어떻게 키우려고 저 나이에 하나만 낳지,라고 한마디씩 한다. 친정어머님이 가장 걱정을 많이 하셨다. 내 귀한 딸이 염려가 되신 것이다. 하지만 지금은 친정어머님이 천만다행이라고 하신다. 하나가 아니라 둘이라서 오히려 손이 덜 가고 덜 힘들 수 있다는 것이다. 둘이라 서로 장난치고 놀 수 있어 엄마는 잠시지만 쉴 수 있는 것이다. 맞다. 하나였으면 더 힘들었을 것이다. 하나를 낳아 키울 경우 어릴 때는 일이 반이었겠지만 커서도 그 일이 줄지 않고 여전했을 것이다. 하지만 둘이라 지금은 좀 여유시간도 생기고 내 일도 할 수 있다.

늦은 나이였지만 아이들을 가질 수 있어서 감사하다. 그리고 하나가 아니라 둘이라서 더욱 감사한다. 아이가 태어나기 전에는 아이의 소중함을 속속들이 몰랐다. 과거 나는 그렇게 아이들을 귀여워하며 좋아하지는 않았다. 내 아이를 낳고 키우다 보니, 아이의 소중함, 생명의 소중함에 대해 느끼게 된다. 아이가 주는 행복감이 그 어떤 행복감보다 크고 가치 있다는 생각을 하게 된 것이다. 아이로 인해 함께 성장하는 부분도 커다는 것을 알게 되었다. 아이를 키울 때 힘든 부분이 있다는 것이 사실이지만 아이가 없었다면 도저히 경험해 보지 못했을 성장과 행복, 또한 있어 감사한다.

책 쓰기도 마찬가지인 것 같다. 늦었지만 책 쓰기를 도전할 수 있었기에 나는 감사한다. 다른 엄마들에 비해 늦깎이 엄마가 되어 아이에 대해 소중함과 감사함을 더 절실하게 느꼈듯이 늦은 인생 첫 책 출간에 대해서도 그렇게 생각하고 있다. 내 인생 첫 책 출간이 없었다면 나는 현재와 다른 삶을 살고 있었을 것이다. 아마도 열심히 쓰지도 않았을 것이고, 열심히 쓰지 않기에 평상시 책도 그렇게 열심히 읽지 않았을지도 모른다. 그리고 세상을 보는 관점의 변화도 없었을 것이다. 출간 후 특별히 변화된 나의 관점이라면 힘든 상황일지라도 긍정적인 측면을 보려고 한다는 것이다. 시련은 멋진 글감이 되기 때문이다. 지금은 나의 삶, 하나하나가 소중한 글감이라는 생각으로 어떤 환경에서도 그 가치와 의미를 찾으려고 한다. 많이 달라진 부분이다. 좀 더 긍정적으로 세상을 보는 눈이 생겼다고 할 수 있다.

책 쓰기에 있어서 늦은 나이는 없다. 책 쓰기뿐 아니라 다른 부분도 마찬가지일 것이다. 왜냐하면 나이와 상관없이 새롭게 시작할 수 있고, 시작하는 그 자체가 중요하기 때문이다. 그동안 해보지 않은 것을 했을 때 새로운 경험이 생긴다. 그 경험은 나이가 많고 적음을 막론하고 특별한 일, 특별한 의미와 가치가 된다. 새로운 경험은 새로운 생각과 새로운 길을 만들어 줄 수도 있다. 어릴 때 생각으로는 내가 50이 되면, 세상만사 초월하고 모르는 것이 없을 것이라고 생각했다. 하지만 막상 그 나이가 되고 보니, 모르는 것은 그때나 지금이나 여전하며 배워야 할 것은 항상 존재한다는 것을 알게 되었다. 배움에는 끝이 없다고 했듯이, 정말 배우고자 하는 의지가 있다면 항상 배워야 할 것은 넘쳐 난다고 할 수 있다. 지금도 나는 배우기 위해 새로운 도전을 해야 한다고 말한다. 새로운 행동, 새로운 도전, 새로운 만남이 곧 배움이기 때문에 안 해본 것에 나 자신을 노출시키려고 노력한다. 내 인생 첫 책을 쓸 때도 그랬다. 늦은 나이에 시작했지만 새로운 경험, 책 쓰기는 내 인생 전체를 바꾸어 놓은 역할을 했다.

내 인생 첫 책을 쓰고 특별히 감사하게 생각하는 부분은 다음과 같다.

첫째는, 인생 목표가 생겼다는 것이다. 현재 나는 보건교사라는 직업을 가지고 있다. 전생에 선한 일을 해야지만 보건교사가 된다는 우스갯소리가 있다. 보건교사가 된 것은 큰 행운이란 의미일 것이다. 나도 그렇게 생각하고 있다. 정말 보건교사가 된 것은 행운 중 행운이라고 생각한다. 그래서 나는 꿈을 이루었다고 생각했다. 직장이 곧 꿈이라고 생각하면서 산 것이다. 하지만 아니었다. 직장은 직장이고, 나의 꿈은 또 다른 곳에 있었다. 직장과 꿈이 같을 수도 있지만 아닌 경우가 더 많을 것이다. 세상에서 얼마나 많은 사람이 자신이 하고 싶은 일을 직장 일로 하고 있겠는가? 그일이 자신의 꿈이 아니라면 직장 일을 하면서 꿈을 선택하고 키우라고 말하고 싶다. 그래야 흥이 나서 직장 일도 더 열심히 하고 직장 스트레스도 덜 받는다. 꿈이 있어 좋고 직장에서 하는 일도 술술 잘 풀려서 좋고, 직장인일수록 꿈이 있어야 할 이유이다. 나는 인생 첫 책을 출간하고 난 후 꿈을 가지게 되었다. 직장을 그만둘 때, 책 쓰기와 관련된 일을 할 것이란 꿈이다. 아직 구체적이지는 않지만 그런 꿈이 나를 매일 흥분하게 하고 계속 책도 쓰게 만든다. 인생 목표를 위해 나는 오늘도 책을 쓰고 있다.

둘째는, 매일 하고 싶은 일, 매일 열심히 하는 일이 생겼다는 것이다. 하루가 금방 지나간다. 하루가 부족하다. 열심히 움직이면서도 에너지가 줄지 않는다. 아마도 내가 원하는 일을 하기 때문일 것이다. 브라이언 트레이시는 《당신의 무기는 무엇인가》에서 성공했다는 것의 기준은 가장 좋아하는 일을 더 많이 하면서 급여를 최대한 많이 받는 것이다,라고 이야기했다. 나는 성공한 하루를 매일 살고 있다. 급여를 받는 것은 아니지만 가장 좋아하는 일을 내가 원하는 시간만큼 하고 있기 때문이다. 물론 아이들이 학교에서 올 때까지이지만 오후 4시까지 내가 하고 싶은 일을 하고 있는 것이다. 책 쓰기를 몰랐다면 이런 하루를 산다는 것이 불가능했을 것이다. 아마도 몸이 바빴을 것이다. 여기 가고 저기 가고 부르는 데는 없을지라도 바쁘게 쫓아 다녔을지 모른다. 그리고 집에 와서는 허탈감에 먹어대고, 또 살이 쪄서 더욱 몸도 마음도 부정적인 덫에 갇혀 악순환의 시간을 내고 있을 모른다. 그런 상상은 쉽게 할 수 있다.

한편으로 이런 생각도 든다. 무시무시한 그 갱년기 증상에 나 자신이 함몰되었을지도 모른다는 것이다. 갱년기 증상이 사춘기 증상을 이긴다는 말이 있다. 중2 사춘기 딸과 갱년기 엄마가 부딪힌다면 세상 무서울 것 없는 중2 딸이 엄마한테 백기를 들어야 한다는 말?, 이것 또한 우스갯소리로, 그 만큼 갱년기 증상이 막강하다는 의미일 것이다. 갱년기 증상으로 우울하게 사는 엄마들을 많이 봤다. 약을 먹는 사람도 많다. 내가 병원을 찾았을 때 의사는 당연히 약을 먹어야 하는 듯 약을 처방하려고 했다. 그래서 나는 반문했다. "약을 먹어야 하는 건가요?" "대부분 약을 먹어요, 특히 초기에는 먹는 것이 좋아요."라고 이야기했다. 그래서 알았다. "아!, 갱년기도 병이구나." 갱년기 자체는 누구나 겪는 생의 과정이라고 할 수 있지만 힘든 시기라는 것을 알 수 있었다. 하지만 나는 약 처방 대신 잘 지내보겠다는 노력으로 시간을 보내고 있다. 다행히 아이들이 너무 어려 갱년기 증상을 운운하고 있을 여유가 없다. 그래서인지 심한 증상은 없지만 그래도 약간 우울감이 있었다. 다행히 책 쓰기를 알고 있어 우울감을 잘 극복하고 잘 지내고 있다고 생각한다.

책 쓰는데 나이는 상관없다. 젊으면 젊은 대로 나이 들었다면 나이들은 대로 의미 있고 가치 있는 책을 쓸 수 있다. 옛날에는 젊었을 때 쓰는 책이 무슨 공감이 있을까? 그렇게 생각했었고, 나이 들어서 책 쓰기 하는 것에 대해서는 뭣 하러 고생해, 그동안 힘들게 살았으니, 이제 쉬어야지, 했다. 하지만 그것은 책 쓰기에 대해 잘 몰랐을 때의 생각이었다. 책 쓰기는 나이와 상관없이 작가의 경험과 특별한 메시지를 활용한다면 쓸 수 있는 것이고, 또한 그것이 혁신적인 삶, 풍요로운 삶을 살 수 있게 한다는 것이다. 자신의 경험은 누군가에게 충분히 도움이 된다. 어떤 이들의 인생을 바꿀 작지만 소중한 계기가 되는 책이 될 것이다. 평범하지 않은 경험을 가졌다면 특히 더 책으로 남겨야 한다고 생각한다. 책 쓰기 다른 사람에게나 나에게 아주 특별한 일이 되는 것이다. 특히, 나 자신에게 책 쓰기의 경험이 많은 것을 얻게 하고 나의 삶 자체를 흔드는 계기가 될 수 있음을 기억하고 지금이라도 책 쓰기의 문을 두드려보시길 바란다.

책 쓰기에 대한 가치를 뼛속 깊이 느낀다

'제로베이스 사고'

경영학의 구루인 피터 드러커가 처음으로 이것과 비슷한 개념을 이야기했다. 어떤 일을 반복해야 할 경우 다시 하지 않아도 될 일이 있는지? 비즈니스 상황에서는 항상 점검하라고 그는 이야기했다. 이 개념을 브라이언 트레이시는 '제로베이스 사고'라는 용어로 불렀다. 쉽게 이야기해서, 제로베이스 사고란 미리 알았다면 그 일을 하지 않았을 일이 무엇인지 생각해 보라는 것이다. 즉, 같은 일을 해야 할 상황이 되었을 때 절대로 하고 싶지 않은 부분이 있는가에 대한 스스로에게 던지는 질문이다.

나는 이 개념을 책 쓰기에 적용한다. 미리 알았더라면 하지 않을 것이 아니라 미리 알았다면 인생에서 꼭 해야 할 일, 더 많은 시간을 할애해서 평생 해야 할 중요한 일이 무엇이며 그 일을 찾는 것이다. 그렇게 생각해보았을 때, 바로 떠오르는 것이 책 쓰기이다. 책 쓰기를 그렇게 정의 내리라고 말하고 싶다. 책을 쓰고 나서, 진작 알고 했어야 할 일 중 1순위가 바로 책 쓰기임을 뒤늦게 알게 되었다. 책 쓰기, 미리 알고 실천하지 못해 너무나 안타깝다. 좋은 것을 너무 늦은 나이에 알게 된 것이다. 한 권의 책을 시발점으로 해서 다행히 그 가치를 뼛속까지 느낄 수 있어 천만다행이다. 보통, 사람들은 직접 경험해보지 않은 것은 등한시하는 경향이 있는데, 경험하는 영역 중에서 책 쓰기가 있었다면 인생이 많이 변화되었을 것 같다는 생각이 든다. 인생을 바꿀 혁신적인 경험들을 젊은 나이에 많이 해보는 것은 그래서 필요하다. 책 쓰기, 나는 젊었을 때 꼭 경험하기를 강조하고 싶다.

책 쓰기의 가치를 깊이 느끼고 있는 요즘, 매일 책 쓰기를 하고 있다. 하루하는 일중 가장 중요한 일로 1꼭지 쓰기를 정했다. 아이들이 아직 어린 관계로 아이들에게 할애하는 시간이 많다. 오늘 오전에 1꼭지 써야겠다,라고 계획을 잡아놓아도 갑자기 아이가 아파서 학교를 못 간다거나 하면 그날 쓰기는 포기해야 한다. 내가 혼자 있다면, 계획대로 매일 쓸 수 있을 텐데,라는 생각을 해보기도 했다. 하지만 세상일이 머리로 생각한 대로 다 되는 것은 아닌 법, 오히려 아이들이 있어 부족한 시간을 쪼개가면서 절실한 마음으로 책 쓰기를 할 수 있고, 그것이 더 열심히 쓰려는 동기유발의 수단이 되고 있다.

출간하면서 변화된 나의 모습 중 가장 큰 부분은 나의 인생 목표를 그릴 수 있게 되었다는 것이다.

출간하기 전에 나는 하루하루 열심히 사는 것에 충실했다. 내가 할 수 있는 최선이 그것이라 여겼다. 다른 일을 할 여유도 시간도 없었다. 아침에 출근해서 직장에서 일하다가 퇴근해서 식구들 먹을 밥을 하고 못한 빨래 세탁기에 돌리고 저녁 먹으면 대략 9시쯤, 건강이라도 좀 챙기자 하고 집 앞 공원에서 운동이라도 하려고 하면 갑자기 몰려오는 피곤함 때문에 그대로 눕게 된다. 만약 잠시라도 눕게 되면, 상황 종료. 아이가 깨우고, 남편이 깨워도 못 일어난다. 죽을 것 같은 피로감이 어느 정도 가셔야 깨어난다. 그렇게 깨어나면 10시, 11시가 다 되어가고 다시 아이들 재우고 나도 또 잠을 자게 된다. 그렇기 때문에 하루 내가 하는 일은 아침-직장-저녁-수면으로 아주 단조롭다. 단조로운 것 자체는 좋지만 아주 중요한 핵심이 빠져있다. 내가 좋아하고 하고 싶은 일을 할 시간이 없다는 것이다. 체력도 바닥인데다가 그렇게 할 정신적 여력이 안 되는 것이다.

시험공부할 때 범위가 너무 많으면 무엇을 할지 몰라 어영부영 시간만 소비하게 된다. 공부할 분량에 눌려서 '악'소리도 한번 못 내고 시험 망치게 되는 것과 비슷한 상황들의 연속이 출간 전의 나의 삶이었다. 나의 할 일에 눌리고, 나의 역할만이 존재하는 삶이었다. 나의 존재에 대한 생각조차 못 하는 삶, 그냥 기계처럼 다람쥐 쳇바퀴 돌 듯 돌아가는 시간이었다고 표현할 수 있다. 핵심을 찾지 못하면 공부할 때도 머리에 남는 것은 없고 점수는 바닥이 되듯이, 인생도 마찬가지이다. 핵심을 잡아야 한다. 내가 주체가 되어 나의 삶을 이끌어가야 한다. 그러려면 내가 정말 하고 싶은 것을 찾아야 한다. 남은 인생에서 내가 한 가지는 제대로 하고 가야겠다는 그런 것이 있어야 한다. 그것이 무엇이든 간에 그렇게 목표 없이 아무방향으로나 쏘아대는 활시위마냥 살아서는 안 된다는 것이다.

책을 쓰면서, 첫 책을 출간하면서 나의 생각이란 것을 제대로 할 수 있게 되었다. 왜냐하면 책 쓰기는 자신의 생각, 자신의 말, 자신의 메시지가 있어야 쓸 수 있기 때문이다. 첫 책을 쓸 때 가장 어려운 부분이 이것이었다. 나의 생각과 말을 가지는 것이 쉽지 않았다. 왜 이 모양이 되었지?, 왜 나는 나의 생각이 없지? 라는 반성이 물밀 듯이 밀려왔다. 나의 생각과 주장 없이 살아온 나의 모습이 그제야 보이기 시작했다. 그렇게 나의 문제를 인식 하니, 조금씩 변화가 일어났다. '아 나도 이제 나의 생각, 나의 말을 가져야 겠다.'라는 자각과 함께 내가 선택한 주제에 대해 나의 생각을 정리하고 그것을 메시지로 쓰기 시작했다. 그렇게 해서 책 쓰기가 가능해졌다. 그래서 나는 책 쓰기는 곧 자기의 생각과 자기의 주장, 메시지를 찾는 일이라고 말한다.

내 인생 첫 책은 독서법에 대한 것이다. 5년 넘게 독서를 하면서 나는 독서법에 대해 써야겠다고 결심했다. 왜냐하면 육아를 독서로 극복했고, 직장 생활로 인해 바닥을 친 자존감, 역시, 독서로 조금씩 극복하기 시작했기 때문이다. 내가 그렇듯이, 이 좋은 것, 다른 사람에게도 알려주어야겠다는 마음으로, 내가 도움을 받았듯이 다른 사람에게도 조금이라도 도움을 주자는 생각으로 독서법에 대해 쓰기 시작하게 되었다. 독서법에 대한 주제로 나의 생각, 나의 메시지를 담으면서 나는 인생에서 내가 해야할 일들에 대해 생각하고 결정하게 되었다.

그동안 스스로 생각하는 법을 제대로 몰랐었고, 그리고 내 인생의 주인은 나이고 내가 결정해야한다는 의식 자체가 약했었는데, 책 쓰는 과정을 통해서 그런 연습이 제대로 되었다. 내 생각, 나의 말, 나의 메시지, 내 인생에서 내가 해야 할 일, 내 인생의 목표를 책 쓰기 하면서 정하게 되었다. 이것은 자연스러운 과정이다. 한 권의 책 출간 보다 내 인생의 명확한 목표를 세울 수 있다는 것이 더 가치 있는 일이라고 생각한다.

나의 인생 목표는 앞으로 나이가 들어서도 책을 읽고 쓰는 것이다. 한 가지 더 보태자면, 책 쓰기라는 나의 경험을 공유해서 더 많은 사람들이 자신의 생각과 메시지를 찾을 수 있도록 돕는 것이다. 등잔 밑이 어둡다고 세상살이 잘 사는 방법에 책 쓰기가 있었다. 답은 자신의 내부에 있었다. 책을 출간하기 전까지는 그것에 대해 인지하지 못했다. 책 쓰기가 답이다. 더 잘 살기 위해서 책 쓰기를 해야 한다. 단순히 책 출간이 목적이 아니다. 한 권의 책을 세상에 내놓는다는 것은 부수적인 일일뿐이다. 책 쓰기의 진정한 목적은 자기 삶의 목표를 찾게 되고 삶의 소중함을 알게 된다는 것이다. 삶이 책이 된다고 인지하면서 더 많은 경험에 도전하려는 마음자세의 변화가 일어난다. 그 어떤 것이 이런 값진 것들을 나에게 만들 수 있게 자극이 될 수 있겠는가? 나는 책 한 권을 통해서 그 무엇과도 바꿀 수 없는 내 인생 최고의 가치 있는 것을 얻는 것이다.

책 쓰기에 대한 가치를 깊이 느낀다. 열심히만 사는 것이 정답인 줄 알고 열심히만 살아온 나에게 그것이 아니라는 깨달음을 책을 씀으로써 얻게 되었다. 또한 습관적으로 나의 생각과 메시지 없이 살아온 시간에 마침표를 찍고 나의 주장이란 것을 가지게 되었다. 스스로 갖게 된 생각과 주장은 남은 생의 인생 목표를 주체적으로 세우는 계기가 되었고 계속 쓰기 위해서 도전이란 것을 하게 만들었다. 생각 자체가 바뀌면서 삶의 대변혁이 일어났다. 더 성장하기 위해 읽기와 쓰기를 계속한다. 스스로 나 자신을 봐도 그전의 내가 아니다. 이 모든 것이 책 한 권을 출간하면서 변화된 모습이다. 앞으로 더욱 변화될 것이다. 책 한 권의 출간에 대해 천만다행이란 마음과 함께 감사함을 느낀다.

내 자식만큼은 책 쓰기 가르치고 싶다

아이들은 바쁘다. 요즘 시대 부모가 아이들에게 강조하는 것이 더 늘었다. 그 영역은 창의력과 표현력 부분이다. 부모는 아이들이 창의적으로 생각하고 그것을 효과적으로 남에게 표현할 수 있는 능력을 가지길 원한다. 이 두 가지가 현재와 미래사회에서 가장 요긴한 무기가 될 수 있다고 생각하기 때문이다. 그런 재능 계발을 위해 학교교육에만 전념할 수가 없다. 창의력과 표현력을 기르기 위해 아이들은 사교육의 힘을 빌리고 있다. 학교 공부도 따라가기 힘든데, 시대가 요구하는 능력까지 겸비하기 위해 아이들은 몸이 두 개라도 부족하다. 어쩌면 늦게까지 퇴근 못하고 일하는 아빠보다 초등학생 아이들이 더 바쁜 현실 상황이 발생한다. 그렇게 바쁘게 살고 있는 아이들은 심신이 피곤한 상태에서 창의력이나 표현력은 물 건너가게 될지도 모른다.

창의력과 표현력의 최고의 방법은 바로 책 쓰기이다. 사교육으로 없는 시간, 없는 체력 소모하면서 아이들을 궁지로 몰 필요가 없다. 책을 쓴다면, 일단 읽어야 하기 때문에 읽고 알게 된 다양한 정보를 통해 아이디어를 얻게 되고 그 아이디어로 새로운 자기 생각들을 만들게 된다. 그리고 글을 씀으로써 자신의 생각들을 표현한다. 읽고 씀을 반복함으로써 책 한 권이 세상에 나옴은 물론, 부수적으로 내면의 힘이 강해지는 데, 그 내면의 힘이 창의력과 표현할 수 있는 능력인 것이다. 여러 권의 책을 쓰면서 그것에 대해 깊이 깨달은 나는 내 아이한테만은 책 쓰기를 꼭 가르치고 싶다는 소망을 가지게 되었다.

책 쓰기를 하면 창의력이 발달되는 이유는 무엇일까? 그 이유는 다음과 같다.

첫째, 책 쓰기를 하기 위해 우선 책을 읽는다.

책을 쓰는 사람은 모두 책을 읽는다. 책을 읽지 않고 쓰는 사람은 거의 없다고 말할 수 있다. 쓰고자 하는 주제에 대해 다른 사람들은 어떻게 썼는지, 어떤 책들이 현재 시중에 나와 있는지, 알아보는 것이 우선이다. 비슷한 내용을 쓸 수는 있지만 그렇게 써서는 경쟁력이 떨어지고 참신함도 얻기 어렵기 때문에 자연스럽게 온라인 서점을 뒤적거리게 된다. 다른 이유는 쓰기 위한 주제에 대해 더 알기 위해 노력함도 있다. 아마도 이런 이유가 더 클 것이다. 전문적인 교육을 받지 않은 분야라면, 더욱 같은 주제 다른 책을 찾아보고 글을 쓰게 되는 것이다. 많이 읽어 내가 그 주제에 대해 더욱 공부를 하고 나의 실제 체험과 노하우를 글에 녹아나게 씀으로써 아주 멋진 책이 될 것이다.

둘째, 모르는 것을 알게 되고 그것이 하나의 힌트가 된다.

책에는 많은 내용이 실려 있다. 내가 궁금해하는 것, 내가 모르던 것, 그 어떤 내용도 읽음으로써 더 알게 된다. 지금 내가 무엇을 모르는지 인지하지 않던 것도, 새롭게 발견하는 계기가 되기도 한다. 그렇게 막강한 스스로 교육 시스템이 바로 독서라고 할 수 있다. 독서를 안 하는 만큼 세상을 덜 알고 사는 것이 된다. 덜 알게 되면 남들보다 선택지가 좁아져 뒤처진 삶이 될 가능성도 있다. 물론, 책 읽는 시간에 다른 경험치를 쌓게 된다. 하지만, 책은 시공간을 초월하기에 실제 경험치보다 상대적으로 더 많은 것을 배우고 느낄 수 있게 된다고 할 수 있다. 그렇게 책에서 읽은 많은 내용들은 나의 삶을 잘 살아가고 내가 원하는 삶을 살아가는 힌트가 된다. 매일 힌트를 얻고 매일 새로운 아이디어를 만들어 새롭게 시작하는 일들이 많아지게 되는 것이다.

셋째, 책뿐 만 아니라 다른 분야에도 관심을 가지게 된다.

책을 많이 읽는 사람은 호기심이 많다. 책에서 얻은 지식과 정보가 발단이 되어 다른 분야에도 관심을 가지게 된다. 지식과 정보를 얻을 수 있는 세상의 많은 것들이 다 관심의 대상이 된다. 지식과 정보에 대한 탐구열은 계속 이어진다. 알게 됨으로 나의 선택지는 많아지고 아이디어는 계속 새롭게 창출된다. 책을 계속 읽음으로써 아이디어를 만드는 삶을 살게 되는 것이다.

책 쓰기가 표현력을 키우는 이유는 보통 서론-본론-결론 형식에 맞추어서 글을 쓰기 때문이다. 서론-본론-결론은 1꼭지를 쓰는 방법이다. 꼭지란 용어는 출판사 용어이다. 소제목이 꼭지에 해당된다. 자기 계발서 같은 경우 보통 40꼭지 전후로 쓰게 된다. 1꼭지, 1꼭지가 모여 40개가 되면 책 한 권 분량이 된다. 나는 1꼭지만 쓰면 책 한 권을 쓸 수 있다고 강조하는데, 그 이유는 1꼭지가 여러 개 모여서 결국 책이 되기 때문이다.

책 쓰기를 하다 보면 이 한 꼭지 쓰는 법에 익숙하게 된다. 글을 쓰듯이 말하는 것도 서론-본론-결론의 형식에 맞추어서 하게 된다. 어릴 때 이런 것이 습관이 된다면 말이든, 글이든 어느 장소에서나 믿음이 가고 배려심 있는 언어 구사능력을 갖출 수 있다. 나는 어릴 때 이런 연습이 잘 되어 있지 않아, 아직도 쓸 때 이 형식이 어색하다. 사실 대부분의 사람이 비슷한 상황일 것 같은데, 이것도 책 쓰기를 계속함으로써 좋아지게 된다. 글 쓰는 것을 서론-본론-결론, 3 단계로 나누어서 하듯이, 말하는 것도, 글 쓰는 것의 영향을 받아 그렇게 말하게 된다. 나는 아이들에게 서론-본론-결론 형식을 가르칠 때 1,2,3이라고 표현한다. 아직 아이들 초등학생인지라, 1, 2, 3으로 설명하면 더 잘 이해를 한다. '항상 말할 때나 글을 쓸 때는 1, 2, 3으로 이야기해야 해~'라고 말하면 쉽게 이해를 하고, 도전을 해보려는 모습을 볼 수 있다. 사실 이렇게 1, 2, 3으로 이야기하는 것이 습관이 된다면 말하기도 쉽고 쓰기도 쉬워진다. 자기가 하고 싶은 말을 적확하게, 속 시원하게 표현하는 표현능력은 자연스럽게 따라온다고 볼 수 있다.

책 한 권 출간으로 나는 책 쓰기의 다양한 효과들을 직접 체험하게 되었다. 책이 한 권 한 권 늘어가면서 책 쓰기는 더욱 숙달될 것이고 숙달된 그 기술로 부차적인 효과 또한 크다는 것을 발견하게 될 것이다. 책 쓰기의 효과는 내적, 외적 변화가 동시에 일어났는데, 대표적인 것이 내적 변화인 창의력 계발과 외적 변화인 표현력 향상이다. 나이가 든 상태에서도 책 쓰기로 인해 이런 좋은 영향을 받고 있는데 한참 성장하는 아이들이라면 더 큰 변화를 기대할 수 있을 것이라 판단한다. 창의력 발달과 표현력 향상에 있어서는 사교육 현장에서의 그 어떤 공부 방법보다 효과적일 것이다. 내가 책을 쓴다면 아이들에게 가르칠 수 있다. 4차 산업혁명 시대에 가장 요구되는 창의력과 표현력을 아이에게 가르치기 위해서라도 책 쓰기는 필요하다.

책 쓰기는 한 권의 책 출간 이상의 가치가 있다. 책을 쓰기 위해서 읽게 됨으로 인해 읽는 것으로 인한 긍정적인 효과가 생긴다. 읽음으로 인해 우리는 모르는 많은 것들을 알고 깨닫게 되고 그것이 아이디어가 되어 새로운 것들을 만들게 된다. 새로운 사고는 곧 새로운 도전으로 이어지기도 한다. 새로운 도전은 새로운 경험이고 새로운 지식이 되며 또 다른 기회가 된다. 읽는 것 하나만으로도 부차적으로 얻는 효과가 크다. 또한 씀으로써 형식이 맞는 표현을 사용하게 되어 표현력이 좋아진다. 글 쓰는 방식대로 서론-본론-결론에 맞추어 남들이 이해하기 쉽도록 잘 말하는 능력이 키워진다. 아이들이라면 학교에서나, 사교육 현장에서 하기 어려운 창의력 계발이나 이해도 높은 표현력을 키울 수 있다. 그래서 오히려 아이들에게 이 책 쓰기는 더 필요한 것이란 생각해 보았다. 이제 내가 먼저 책 쓰기하고 가르치자, 책 쓰는 아이들의 놀라운 변화들을 지켜보자.

쓰는 삶이 일상이 된다

나는 새벽에 일어나려 노력한다. 아무리 늦어도 5시 30분 전에는 일어나려 한다. 이렇게 스스로 새벽을 챙기는 이유는 새벽이 점점 좋아졌기 때문이다. 원래는 새벽시간은 나의 삶에서 존재하지 않던 시간이었다. 새벽의 특별함을 알게 된 이후 나는 매일 새벽시간을 나의 삶에 활용한다. 나에게, 글 쓰는 것도 마찬가지이다. 최고의 자기계발이 되고 있는 글쓰기의 가치를 뒤늦게 알게 되었고, 글을 쓰면 쓸수록 글쓰기 자체가 소중하다는 것을 느끼고 있다. 새벽의 특별함과 글쓰기의 소중함을 이제는 가슴 깊이 매일 느끼고 있다.

새벽 기운이라는 것이 있다. 새벽 기운은 긍정적인 에너지이다. 아침 일어나서 간단히 청소부터 하고 나는 길고양이 밥을 준다. 일어나면, 길고양이들이 집 밖에 대기하고 있어 그들을 외면할 수 없어서 밥부터 챙겨준다. 그리고 사람 먹을 밥을 하고, 아이들 도시락을 싸야 하기 때문에 미리 수저를 먼저 준비해둔다. 몇 번 수저 준비하는 것을 잊어버려 학교에서 아이들이 곤란을 겪은 일이 있어서 이것부터 챙기게 되었다. 그리고 더운 필리핀이다 보니, 보온물통에 물을 따라 둔다. 물도 잊어버리지 않기 위해 미리 준비해둔다. 그리고 나의 시간을 갖는다.

새벽, 식탁에 앉아 노트북을 켜면 이때부터 나는 상상의 나래를 편다. 여러 권의 책을 쌓아둔 곳에서 그날 읽고 싶은 책을 고른다. 매일 읽는 책을 달리하면서 그것에 대한 상상과 아이디어를 얻게 된다. 하루의 계획도 세운다. 아이들을 위해, 생활을 위해 꼭 필요한 것들의 구매 항목을 기록한다. 주로 먹는 것들이 많다. 아이들 도시락과 관련해서 반찬을 만들어야 하는 재료들, 꼭 구매해야 하는 양념이나 기름들, 그렇게 적는다. 그리고 매일 1꼭지 쓰기 목표대로 내가 써야 할 꼭지 제목을 확인하고 그것에 대한 개요를 작성한다. 개요의 작성이 끝나면 이제 쓰기가 시작된다. 새벽에 많은 일들을 할 수 있다.

새벽에 일어난 후부터 나는 하루를 더욱 알차게 보내게 되었다. 즉흥적으로 행동하는 것이 아니라 미리 계획을 잡고 행동하는 습관이 생겼다. 이것은 삶의 변화와 성과를 가져다준다. 삶이 나의 통제 안에 있게 되고, 그것이 체화되면서 나의 삶을 점점 더 잘 통제할 수 있게 된다. 조금 일찍 일어나서 하루를 준비하고 나의 인생에서 가장 소중한 목표를 계획하는 것이 분명 더 큰일을 해낼 것이란 믿음이 생긴다. 그렇기에 새벽이 더욱더 좋아졌다.

책 쓰기에 있어서도 마찬가지이다. 새벽의 가치와 효과를 직접 체험을 통해서 깨닫게 된 것처럼 책 쓰기도 하면 할수록 좋다는 것을 느끼게 된다. 세상에 나도 책을 냈다,라는 자부심까지 생기게 한 출간을 앞으로도 계속하고 싶어진다. 그것이 가치 있는 삶을 사는 것이라고 느낀다. 책 쓰기가 좋은 것을 깊이 인지하는 순간, 그것은 나의 삶이 되는 것이다.

쓰는 삶이 좋은 이유는 매일 상상의 나래를 펼 수가 있다는 것이다. 쓰는 것은 머리에서 먼저 생각을 하면서 쓰게 된다. 어떤 주제를 정하고 그것에 대해 나의 메시지를 정리해서 나의 일화나 다른 사례와 버무려서 하나의 꼭지 글을 완성하게 된다. 그렇기 때문에 글감이란 것을 찾아야 한다. 주로 자신의 일화, 즉 겪은 경험들 중에서 어느 일부분을 떼어서 메시지와 함께 잘 버무려, 써 내려가게 된다. 자신의 일화는 과거, 현재, 미래가 있겠다. 그중에서 가장 많이 사용하게 되는 것은 과거의 일화들이다. 과거 내가 경험한 것들, 내가 지금 쓰고 있는 주제와 가장 관련이 있는 과거 기억들을 소환한다. 예를 들어 책 쓰기하고 난 뒤 주변으로부터 인정받는다, 라는 소제목이라면 내가 책 쓰기하고 난 후에 낯선 사람으로부터 믿음을 얻고, 인정받았던 경험을 생각해내서 그것을 적어 준다. 글쓰기는 이렇게 경험 중심, 사례 중심으로 쓰면 되는 것이다. 마지막에 나는 그런 경험 사례 뒤에, 그것의 가치, 의미를 푸는 문단을 하나 더 이어 써주면 된다. 과거 경험과 일화의 소환을 통해서 나는 글을 쓸 때는 항상 나의 과거를 생각하게 된다. 과거를 생각하면서 그때의 감정도 함께 느낀다. 그러면서 반성도 하고, 그것을 거울삼아 지금 내가 어떻게 해야 할지 새롭게 교훈으로 만든다.

가장 최근의 일도 글감으로 많이 사용한다. 또한 미래, 6개월 뒤 1년 뒤, 3년 뒤, 5년 뒤, 내가 죽을 때까지도 상상한다. 글쓰기, 책 쓰기는 이렇게 과거를 다시 되새기고, 현재와 미래를 상상하는 과정이다. 상상한 것은 현실이 된다고 했다. 과거를 반성하고 현재에 내가 해야 할 것들을 정하고 나의 미래를 그리고 상상하면서 매일 도전하게 된다. 글쓰기 자체가 상상이고 새로운 도전에 동기부여를 해주는 것이다.

　글을 쓰게 되면 하루가 금방 지나간다. 퇴근하고 시간이 나에게 주어졌을 때 간혹, 무엇을 할까? 라고 생각할 때가 있다. 물론 나 같은 경우, 지금은 육아로 그런 여유로운 생각을 할 겨를이 없지만 결혼하기 전에는 그랬다. 퇴근 후 시간적 여유가 있는 사람은 갑자기 주어진 시간을 어떻게 사용할지 몰라 고민 아닌 고민을 하게 된다. 이를 때 글쓰기를 한다면 그런 고민 자체가 필요 없게 된다. 글쓰기를 하면서 혼자서 행복하고 의미 있게 잘 놀게 된다. 글쓰기는 자신과의 대화이기 때문에 혼자서 쓰는 그 시간이 즐거워진다. 자신의 내면과 자신의 과거와 자신의 현재, 미래와 대화를 나누는 시간이기에 금방 몰입해 빠져든다. 사람은 누구나 자신이 중심이 될 때 쉽게 집중을 한다. 그래서 글쓰기를 하게 되면 쉽게 집중하고 혼자서도 즐거운 일이 되겠다. 그렇게 글쓰기에 시간을 할애하면 무엇을 할지 몰라 잠시 주춤거리는 시간 없이 하루를 의미 있고, 즐겁게 마무리할 수 있다는 것이다.

　진작부터, 책 쓰기를 알지 못한 것이 아쉽다. 책 쓰기 20, 30대 알았다면 나는 정말 값진 시간들을 보냈을 것 같다. 책 쓰기를 하면서 나의 삶이 책이 된다는 것을 깨닫게 하고 삶이 소중하다는 것을 그때 알게 되었을 것이다. 젊은 시절, 삶이 무엇이며, 삶을 어떻게 살아야 할지 방황을 많이 하는데, 책 쓰기만 알고 있었다면 그런 방황들을 덜 하게 되고 나 자신의 삶을 위해 낭비하는 시간을 줄이고 긍정적인 방향으로 삶의 키를 돌렸을 것이다. 책 쓰기의 가치에 대한 인식으로 더 공감되고 멋진 글을 쓰기 위해 더 멋진 일들에도 도전했을 것이다. 또한, 20, 30대의 도전이 지금 글쓰기에 귀한 자산들이 되어 나이가 들어서도 더 좋은 글들을 쓰게 되었을 것이다. 지금이라도 알게 되어 후회는 없다. 지금 그 책 쓰기란 귀한 인생 비밀을 알았으니, 나는 지금이라도 그렇게 살고 있다. 하루하루 감사하고 하루하루 쓰는 자체만으로 기대되고 흥분된다.

인생 첫 책 출간을 하지 않았다면 지금도 책 쓰기의 가치를 모르고 있었을 것이다. 책 쓰기를 통해서 나는 세상의 많은 것들을 얻을 수 있다는 것을 이제 알았다. 책 한 권만 보는 것이 아니라 표면에 보이는 것 외의 보이지 않는 바닷속 빙산의 모습을 발견했다. 내가 알고 있는 것을 나의 아이들은 물론, 세상의 모든 사람들에게 공유하고 싶다. 아니, 나는 공유해야 할 책임감을 느낀다. 태어난 이후 12년 동안 교육받고 대학까지 다녔지만 그 누구한테도 듣지 못했었다. 책 쓰기를 통해서 삶을 잘 살아가는 방법, 계속 성장할 수 있는 방법, 인생 성공할 수 있는 비밀을 공유하고 알려주고 싶다. 그렇기 때문에 나는 계속 쓸 수밖에 없게 된다. 이것을 하면 할수록 나의 삶은 성장으로 성공으로, 변화되어 갈 것이다.

책 출간하고 일상이 된 쓰기, 쓰기의 막강한 힘을 매일 느끼자. 쓰기 위해 매일 읽게 된다면, 읽은 것이 나에게 정보와 지식, 지혜를 준다. 이것으로 새로운 아이디어를 얻게 되어 매일 도전의 연속이 되게 한다. 오로지 읽기만 하지 않고, 오로지 쓰기만 하지 않는 삶, 읽고 쓰는 삶의 효과를 오늘도 느껴보시길 바란다. 한 권의 책으로 당신은 이제 다시 태어난다. 즐거운 삶, 지루하지 않은 삶, 충만함으로 채워지는 삶, 누군가에게 긍정적인 동기부여가 되는 삶, 메신저가 되는 삶……, 그런 삶이 한 권의 책을 출간한 당신이 살 삶이 되는 것이다. 쓰는 것이 일상이 된다면, 특별하면서 가치 있는 멋진 삶이 당신의 삶이 된다.

모르는 사람이 나를 인정한다

어릴 때 나는 언니가 부러웠다. 그 이유는 엄마와 아버지가 언니를 존중하고 인정해 주었기 때문이다. 장녀로서 언니의 위치는 확고했다. 언니는 아주 어릴 때부터 아마도 그런 대우를 받았던 것 같다. 어린 딸이지만 엄마는 언니를 정신적 동반자로 생각하는 것 같았다. 집안에 무슨 일이 있어 결정을 내려야 할 때도 언니의 의견을 참고하는 듯했다. 언니는 학교에서 공부를 잘 했었는데, 언니가 공부를 할 때는, 집안일에서도 제외되었다. 엄마가 아프실 때도 밥을 해야 하는 사람은 나였다. 집안일을 해야 할 경우에 항상 불리는 이름도 나였다. 그래서 나는 언니가 너무 부러웠다. 간혹 화가 나고 불합리하다고 느꼈을 때는 이렇게 생각하기까지 했다. 나는 죽어서 다시 태어난다면, 맏딸로 태어 날거야,라고 생각하곤 했다.

나는 아마도 언니처럼 인정을 받고 싶었던 것 같다. 언니처럼 집안의 중요한 결정에 한마디라도 발언권을 가지고 싶고 좀 더 존중받고 싶었던 것이다. 인정받으면 그렇다. 많은 부분에 있어서 존중받게 되고 하는 말에 힘도 가지게 된다. 그래서 그 인정이 받고 싶었던 모양이다.

책 쓰기를 하고 출간을 하면 타인으로부터 인정이라는 것을 받게 된다. 인간의 기본욕구라고 하는 그 인정을 맘껏 받을 수 있다. 왜냐하면 책을 출간하게 되면 일단 그 주제에 대해서 남들보다 많이 알고 있고 전문적이라고 생각하기 때문이다. 사실 맞다. 그 주제에 대해서는 많이 알게 된다. 책 쓰기 전 잘 모르는 분야일지라도 책을 쓰기 위해서 공부를 하게 되어 결국 그 주제에 대해 해박해진다. 나의 책은 발이 없지만 전국구로 돌아다니면서 나를 홍보한다. 결국 내가 모르는 사람에게 나를 알리게 되고, 그 사람들은 나에 대해서 좋은 호감을 가질 수 있고 쓴 주제에 대한 부분 외 다른 부분도 인정한다.

내가 쓴 책을 통해서 나의 말에 힘이 생긴다. 나의 책이 곧 나의 전문성을 증명하는 것이다. 첫 책을 출간하고 독서모임에서 저자 강연 제의를 받았다. 독서모임이라면 책을 좋아하는 사람의 모임이다. 책을 좋아한 만큼 책을 오랫동안 읽은 사람들이 대부분이다. 그곳에서 내가 쓴 《하루 한 권 독서법》에 대해서 강의를 해주기를 원했다. 나는 아직 강의의 경험이 많지 않지만 첫 책이 나온 지 얼마 되지 않았기 때문에 열정 하나는 남부럽지 않았다. 그것을 무기로 강연을 하게 되었다. 강연 전 미리 파워포인터를 만들고 그것으로 연습을 했다. 당일 강연하는 날, 많은 인원은 아니지만 그래도 독서 경력이 오래 되었다는 것을 느낄 수 있는 분위기의 모임 사람들의 얼굴을 접할 수 있었다. 나보다 독서 경력이 많으신 분이 꽤 된다는 것을 알 수 있다. 하지만 나는 독서법 책을 썼다는 이유로 나보다 훨씬 오랫동안 독서를 하신 분 앞에서 나의 독서법을 강의할 수 있게 되었다.

독서 경력이 나보다 많은 사람 앞에서 강의를 할 수 있는 것은 인정을 받았기 때문에 가능하다. 독서라는 주제로 책을 쓰게 됨으로써 그 주제는 나의 전공분야처럼 된다. 그래서 그 부분에 대해서 어느 곳에 가든지 나의 책을 가지고 말을 할 수 있다. 그리고 그 말은 책이란 것이 있기 때문에 더욱 힘을 얻게 된다. 책을 쓰기 위해서는 최소한 그 주제로 수십 권의 책을 읽게 된다. 그 주제에 대해서 읽고 공부를 했기 때문에 책을 쓰게 되는 것이다. 그런 부분에 있어서 독자와 강연을 듣는 청취자는 인정을 하는 것이다.

세부 살이를 통해서 잘 모르는 사람으로부터 나는 도움을 받았다. 그것은 내가 출간한 한 권의 책으로 인정받았기 때문이기도 할 것이다. 세부에 오기 전에 나는 어떻게 시작해야 할지 막막했다. 어학원은 내가 감당하기에 너무 고가의 비용 지출이 예상되었다. 최소 한 달에 인당 150만 원 이상이다. 그렇다면 아이 둘까지, 총 3명에서 한 달이면 거의 500만 원 가까이 든다는 이야기이다. 그렇게 하면 1년이면 12달, 6천만 원의 비용이 든다는 것을 계산할 수 있다. 너무 부담이 되는 지출이다. 그래서 포기해야 하나 고민하다가 아이디어를 얻은 것이, 직접 도전을 해보자는 것이다. 어학원을 거치지 않고 내가 직접 알아보자는 생각으로 다시 시작하기로 했다. 그리고 연락하게 된 것이, 이전에 방문했었던 현재 세부 살이를 하고 있는 한국 사람 A였다.

A는 내가 세부를 가기 전부터 많은 도움을 주었다. 세부에 도착해서 정착하는데 까지도 역시 힘이 되었다. 필리핀 세부 낯선 곳이다. 가기로 결정하고 나서 차근차근 준비를 했지만 두려웠다. 영어를 잘 하는 것도 아니

고, 해외 살이는 한 번도 해보지도 않았는데, 막막한 심정이 컸다. 하지만 엄마라서 그랬는지, 그런 두려움도 나를 한국에 붙들어 매지는 못했다. 무엇보다 A가 있었기에 든든히 시작할 수 있었다. A는 내가 도착 전부터 해서 도착하고 어느 정도 세부에 정착하는 데까지 많은 힘이 되어 주었다. 필리핀 세부 빌리지에 새벽에 도착하는 날에도 A는 어린 아들이 있음에도 불구하고 새벽까지 자지 않고 우리를 기다렸다. 옆에 있는 빌리지 키를 낮에 챙겼다가 건네주었다. 그리고 필리핀 세부에서 꼭 알아야 할 부분에 대해서 아무렇지 않게 생색내는 것도 없이 알려주었다. A는 나와 막연한 관계도 아니었다. 거의 서로 잘 모르는 상태에서 A는 선뜻 호의를 베풀어 준 것이다.

세부 정착하는 동안 많은 도움을 준 A는 나를 믿어주고 인정해 주지 않았을까 생각해 본다. 낯선 이국땅에서 사람에 대한 두려움이 있다. 한국에서도 마찬가지이지만 이국땅에서는 더욱 그러하다. 그런 현실의 상태에서 누군가가 부탁을 해왔을 때, 최소한 그 사람에 대한 믿음이라는 것이 있다면 그 부탁을 받아들이기에 수월하다. 만약 그 사람이 책을 쓴 사람이라면 어떻겠는가? 그 사람에 대해 믿음을 갖게 될 것이다. 책과 관련된 사람이기에 책을 읽을 것이고 책에 나오는 내용을 나름 지키면서 성실하게 사는 사람이란 생각을 할 수 있다. 그리고 한 권의 책 쓰기 자체가 자기 관리를 잘하는 사람의 이미지를 풍기게 된다. 보는 사람도 그런 점에서 좀 더 호의적이 될 수 있다. 그런 면에서 나는 A의 호의와 도움을 많이 받게 되었다. A는 현재 다른 지역에 살고 있지만, 그녀의 영향으로 나는 세부 살이 홀로서기를 달성하게 되었다고 생각한다.

한 권의 책으로 나는 인정받게 된다. 어릴 때 그렇게 원하든 인정, 그랬기 때문에 언니가 몹시도 부러웠던 나는 지금 한 권의 책을 쓰고 인정받고 있다. 그것도 가족뿐 만 아니라 직장, 사회에 있는 내가 잘 모르는 사람에게까지 인정을 받고 있다. 그 어떤 방법이 이렇게 많은 사람으로부터 나자신을 제대로 인정받을 수 있도록 하겠는가? 인정받으면서 나는 새롭게 많은 기회도 가질 수 있게 된다. 주변 사람의 인정, 믿음이 나를 특별한 경험을 가능하게 했다. 지금 현재 세부 살이가 그렇다. 세부 살이를 통해서 더 많은 것을 배우고 경험하고 또다시 그것이 나의 책이 되는 시간을 보낼 수 있게 되었다. 지금도 A에게 감사한 마음이다.

책 쓰기로 인해 나는 내가 잘 모르는 사람한테도 인정을 받는 계기가 된다. 왜냐하면 책 쓰기 자체가 자기관리가 필요하고 좀 전문적인 경험과 지식을 가진 사람이란 좋은 이미지가 있기 때문이다. 그것은 선입견이 아니라 사실이라고 할 수 있다. 책 한 권을 쓰면서 많이 생각하고 자료도 찾아보면서 점점 전문적인 지식과 지혜, 경험들이 쌓이게 되기 때문이다. 책이 인정의 계기가 되는 이유는 책 한 권에 나의 모든 이야기가 들어있기 때문이기도 하다. 직접 얼굴을 보지 않더라도 책을 통해서 나를 알게 되는 것이다. 그럼으로써 믿음이 가고 인정을 하게 된다. 책 한 권은 이제 어떤 프로필보다 더 자세히 표현하게 된다. 많은 시간을 공유하고 많은 이야기를 직접 하지 않더라도 당신이 쓴 책을 읽은 사람이나, 책을 쓴 소문을 들은 사람은 당신을 인정하게 된다. 남에게 인정받는 경험은 참 가슴 뿌듯한 일이다. 나는 모르는데, 먼저 알아봐주거나 비록 말은 하지 않더라도 그 눈빛과 행동에서 나를 인정하는 모습을 보여줄 때는 책 쓰기 정말 잘했다 생각하게 될 것이다. 이제, 책 쓰기로 세상에 당신의 이야기를 들려주고 그것으로 인정받아라. 그 인정이 당신에게 멋진 기회와 새로운 인생이 되는 계기가 될 것이다.

제2장

책 쓰기 어렵게 생각하지 마라

책 쓰기, 이제 아무나 쓴다

얼마 전 나는 3권을 동시에 출간했다. 한꺼번에 원고를 쓴 것은 아니고, 계약이 비슷한 시기가 되면서 비슷한 시기에 출간도 되었다. 이렇게 여러 권을 한꺼번에 계약할 수 있었다는 것은 써 놓은 초고가 많았다는 이야기 인데, 초고를 많이 쓴 이유는 바로 매일 1꼭지쓰기를 하려 노력하고 있기 때문이다.

하루 중 가장 중요한 일로 1꼭지 쓰기를 나는 스스로 강조했다. 새벽에 일어나면 매일 책 쓰기를 실천하고 있다. 책 쓰기는 1꼭지 쓰기를 말한다. 1권의 책은 A4 110매 정도 차면 한권 분량이 된다. 매일 1꼭지를 쓰면 40 일이면 1권 분량을 쓸 수 있다. 매일 쓰기로 한 이후 그것을 지키려고 노력 하고 노력한 대로 80%는 실천이 되고 있으니, 나에게 완성 초고는 시간이 지날수록 많아진다. 그래서 3권 동시 출간이란 일도 가능하게 되었다.

얼마 전까지는 나는 그냥 평범한 직장인이었을 뿐이다. 직장에서 해야 할 일에 집중하면서 퇴근 후까지도 해결되지 않은 일들에 대해 생각하는 때론 소심한, 그냥 보통의 직장인이었다. 이런 내가 책 쓰기를 결심하고 책 한 권을 출간하게 된 이후 달라졌다. 나의 모습이 때론 낯설기도 하다. 지극히 평범했던 내가 책을 썼듯이 다른 사람도 충분히 가능하다. 이제, 쓰고자 결심한 사람은 누구나 책을 쓰는 시대가 되었다.

2017년 12월 9일, 인생 첫 책을 쓰기 위해 나는 본격적으로 책 쓰기 시작했다. 나는 직장을 다니면서 없는 시간을 아끼기 위해 기성작가의 도움을 받기로 했다. 배우고 익히는 데 들어가는 시간을 줄이기 위함이다. 내가 인생 첫 책을 쓸 때 많은 부류의 사람들이 함께 했다. 그들도 나와 같이 책을 쓰기 위해서 모였다.

나이가 20대 중반쯤 되는 젊은 아가씨도 총각도 있었다. 이제 갓 사회 생활을 시작한 이들이다. 그들이 책 쓰기를 하게 된 동기는 정확하게 모르지만, 그들은 열심이었다. 그들을 보면서 나는 나이가 어리다고 글쓰기가 부족하다고 생각할 수 없다는 것을 알게 되었다. 글쓰기는 나이와 상관없었다. 오히려 그들이 더 앞서나갔다. 조언을 아끼지 않는 작가님의 충고를 듣고 충실하면서 성실하게 책 쓰기 과정을 착착 완수해나갔다.

20대, 어린이집 교사인 예비 작가가 있었다. 대학을 졸업한 지는 5년 정도 되었고 어린이집 교사 생활도 5년 정도 되었다고 한다. 교사 생활하면서 어린아이 교육에 대한 경험과 노하우가 쌓이게 되었다. 때론 아이를 잘 다루지 못하는 부모들을 보면서 안타까운 생각이 들었고, 비록 결혼은 하지 않았지만, 그런 부모에게 어린아이를 다루는 전문 지식과 노하우를 나누어 주고 싶어 하게 되었다. 하지만 어린 교사가 주제넘게 나선다는 말을 들을까, 두려웠다고 한다. 하지만 용기를 내었다. 엄마들도 초보이기 때문에 어린아이에 대한 교육이 서툴다. 초보 부모들이 알았으면 하는 좋은 상식과 경험을 나누고자, 결단을 내리고 책을 쓰게 되었다고 한다.

또 다른 20대 청년은 대한민국 남자라면 누구나 가는 군대를 갓 제대한 사람이었다. 나이가 어리지만, 실질적인 스펙을 가지기 위해 책 쓰기에 도전했다. 이 청년도 나이는 어리지만 글쓰기를 잘했다. 그래서 칭찬도 여러 번 받았고, 또 초고도 빠른 속도로 써냈다. 특히 책 쓰기에 대한 감을 잡고서는 한 자리에서 8꼭지를 쓰기도 했다고 경험담을 이야기해 주었다. 그동안 자신도 모르던 글쓰기에 대한 열정과 재능을 발견하는 순간이라고 아니 할 수 없다. 8꼭지를 쓰면서 스스로 몹시 신기하게 생각하였다고 한다. 책 쓰기 처음에는 꼭지 쓰기가 너무나 힘들었고, 1주일 동안 1꼭지도 못 쓴 경우도 있었지만 계속 1꼭지 쓰기에 대해 생각하고 집중하다 보니, 차츰차츰 쓰기 방법에 대한 자신만의 비법이 터득되었다고 한다.

60세가 다 된 학교 선생님도 있었다. 정년을 얼마 남겨두지 않고 그래도 국어 선생님인데 책 한권 써야겠다는 각오로 시작했다고 한다. 우리가 흔히 생각하는 국어 선생님이라면 글쓰기에서는 남들보다 잘 한다고 생각한다. 그것은 맞는 말이다. 하지만 글쓰기를 잘한다고 책 쓰기를 완성할 수 있는 것은 아니라고 그녀는 이야기한다. 국어 선생님이 글을 잘 쓴다고 책을 다 출간할 수 있다면 왜 수많은 대한민국의 국어 선생님이 자신의 개인 저서를 가지지 않겠느냐고 반문한다. 글 잘 쓰는 것이 유리할 수 있지만, 글을 잘 쓴다고 책을 쓸 수 있는 것은 아니다. 글을 잘 못 써도 자신이 하고 싶은 말, 즉 메시지가 있고 책 쓰는 방법만 안다면 책 쓰기는 충분히 가능하다고 말할 수 있다.

국어 선생님은 나이도 적지 않았지만, 지방에서 매주 기차를 타고 서울까지 올라왔다. 그러면서도 여러 인생 후배들에 전혀 뒤지지 않으셨다. 하고 싶은 꿈과 목표가 분명하기 때문에 없던 에너지도 생겼고 분위기메이커까지 하시면서 배울 점이 많은 분이셨다.

그 외 함께 책 쓰기를 한 사람은 많았다. 가정주부, 부동산 사업을 하시는 분들이다. 우리가 흔히 주변에서 만날 수 있는 평범한 사람들이었다. 그들이 책 쓰기 시작 못 하는 사람들과 다른 점이 있다면 평범한 삶을 살지만, 책을 써서 다른 삶을 살고 싶다는 강한 열망이 있었다는 것이다. 또한 소박한 자신의 이야기를 책이라는 것을 통해 세상에 내놓고 싶다는 욕구가 있었다. 그들은 나름의 간절함을 가지고 책 쓰기를 실제로 행동으로 옮겼다는 점이 다를 뿐이었다. 될까 말까 고민하는 대신에 도움을 받을 작가를 찾아 시작했다는 것이 가장 큰 차이라고 할 수 있다.

책 쓰겠다는 간절함이 있다면 열악한 환경도 문제가 되지 않는다. 제주도에서 매주 비행기를 타고 올라오던 임산부를 봤을 때, 느낄 수 있다. 지금 책을 출간한 작가가 된 이 사람은 다른 사람보다 더 힘든 상황에서 책을 썼다고 할 수 있다. 배움을 찾아오는 거리도 멀었고, 또한 임신한 상태로 몸이 자주 피곤한 상태였음에도 불구하고 그 과정을 훌륭히 잘 마쳤다. 그 작가를 보면서 인간의 한계는 어디까지인가? 라는 의문점이 생긴다. 사람이란 정말 하고 싶은 것을 위해서는 열악한 환경도 별로 문제가 되지 않는구나, 라는 깨달음을 얻게 된다.

현재 그 작가는 유튜버로서도 활동하면서 제2의 꿈과 인생을 향해 열심히 노력 중이다. 책을 함께 쓴 사람들이 계속 책을 쓰면서 새로운 일들을 확장하고 있다. 책 한 권의 출간이 그것으로만 끝나는 것이 아니다. 책을 통해서 해야 할 새로운 일들이 생긴다. 물론 책 쓰기도 계속한다. 1권이 2권, 3권, 4권, 계속 시간이 지나면서 출간한 책의 수도 많아질 것이다. 인생 자체가 책 쓰는 인생이 되는 것이다. 책을 쓰면서 기회들은 다양한 방법으로 찾아올 것이며 그렇게 삶이 새롭게 바뀐다.

이제 누구나 책을 쓰는 시대이다. 2년 전도 그랬었는데 지금은 더 그렇다. 독자들은 자신과 닮은 평범한 사람들의 희로애락이 담긴 이야기를 궁금해한다. 자신처럼 힘든 상황을 겪은 사람들의 이야기를 읽고 현재 자신의 문제들을 극복할 수 있는 힌트를 찾고자 한다. 나도 힘들었는데, 이 책의 작가도 나와 똑같은 상황을 겪었구나, 그래도 좌절하지 않고 이런 방법으로 이 상황을 잘 극복했구나, 라고 느낄 수 있다면 그것처럼 값진 책이 없을 것이다. 우리는 그런 이야기를 얼마든지 쓸 수 있다. 글을 잘 쓰는 것이 중요한 것이 아니다. 그런 경험과 노하우, 메시지를 쓸 수 있다면 독자들은 비록 달필은 아니라도 자신의 지갑을 열어 기꺼이 그 책을 사보게 되는 것이다. 이제는 누구나 글을 쓴다는 것 스스로 받아들여라. 당신의 귀한 경험과 그 경험을 통해서 알게 된 값진 지식과 지혜를 한 권의 책으로 쓰고 나누길 바란다.

책 쓰기, 타고난 재능으로 쓰지 않는다

'인스타그램에 재도전.'

평상시 인스타그램을 하고는 싶었지만 나는 그것을 하기 어렵다고만 생각했다. 내가 하고 있는 SNS 활동이라고 하면 블로그이다. 블로그 하나 하는 것만으로도 힘에 달린다고 인스타그램을 못 하는 것을 합리화했다. 출간하면서 누군가로부터 인스타그램을 해보라는 권유를 받았다. 작가도 적극적으로 홍보하는 시대이다. 한 사람한테라도 더 책을 노출하기 위한 방법으로 인스타그램처럼 좋은 것도 없다고 이야기했다. 그리고 출간된 나의 책 '새벽시크릿'을 한 구절씩 인스타그램에 올리고 있다는 독자님의 소식을 듣고 제대로 동기 부여받았다.

각오는 10일 전, 드디어 오늘 아침에 도전의 첫발을 딛으려고 한다. 스마트 폰에 인스타그램 앱을 열어보았다. 이럴 수가, 그 전에 이미 나는 인스타그램 피드에 한 번 글을 올린 적이 있었다.

"그래, 맞아 내가 이곳에 글을 올렸었지."

그동안 잊고 산 것이다. 이미 글까지 올렸지만, 나는 인스타그램을 못한다고만 생각하고 있었다. 예전에 했던 일인데, 시간이 흘렀다지만, 조금만 노력한다면 충분히 할 수도 있었을 텐데……. 그 동안 나는 인스타그램은 자신 없다고만 생각했고 그것을 믿어버렸다. 참, 어이가 없다. 스스로 한계지은 그 생각 때문에, 할 수 있는 일도 몹시 어려운 일이라 여기고 시도조차 하지 않으려 했었다. 지금 내가 하는 생각이 반드시 옳지 않음을 깨닫는 순간이다. 비록 확실하다고 확언하는 일도 다시 한번 돌이켜 생각하고 행동으로 옮겨본다면 생각과 아주 다를 수도 있을 것이다. 생각이 현실이다. 내 생각을 바꾸면 무엇이든지 결국에는 해낼 수 있다. 책 쓰기도 마찬가지이다. 책 쓰기의 가장 잘못된 편견 중 하나인 타고난 재능이 있어야 책을 쓴다는 생각을 이제는 바꾸어 보아야겠다.

책 쓰기는 글쓰기와 다르다. 글쓰기는 타고난 재능이 필요할지 모르겠다. 내가 아는 사람 중에도 그 사람 손을 거치면 맛깔스럽고 매력적인 글로 탈바꿈한다. 음식 만들기, 노래 부르기, 운동 같은 것들이 타고난 재능의 영향을 받는 일이듯이 글쓰기도 그런 경향이 있다고 할 수 있다. 하지만 책 쓰기는 좀 다르다. 글쓰기를 잘한다고 해서 책 쓰기를 쉽게 잘하는 것도 아니고 글을 잘 못 쓴다고 해서 책 쓰기를 못하는 것도 아니다. 책 쓰기는 글을 조금 못 쓴다고 하더라도 자신의 메시지와 경험만 있으면 된다. 좀 거친 글이라 하더라도 들을 만한 작가의 생각, 즉 메시지가 있고, 그 메시지를 위해 제시되는 근거자료가 되는 경험이 있다면, 가치 있는 한 권의 책을 쓸 수 있다.

책 쓰기는 타고난 재능으로 하는 것이 아니라 다음과 같은 부분으로 책 쓰기 시작하고 완성된다.

첫 번째로 자신에게 솔직해진다.

책 쓰기를 못하는 이유 중 하나는 자신에게 솔직하지 않아서이다. 주변에 누군가가 책을 냈다고 하면 굉장히 부러워진다. 특히 가까이에 있는 사람, 즉 직장동료나 이웃에 있는 사람이라면 더욱더 그렇다. 물론 축하하고 싶은 마음도 있다. 하지만 부러운 마음이 크기 때문에 제대로 축하 인사를 건네기도 쉽지 않다.

책 쓰기를 하고 싶지 않은 사람은 없다. 단지, 그런 마음을 지그시 누르고 외면하는 것일 뿐이다. 많은 사람이 책 쓰기를 하고 싶은 이유 중 하나는 자신의 삶을 남기고 싶은 것도 있다. 죽고 나면 다 부질없겠지만, 지금 심정은 그렇지 않을 것이다. 때때로, 책 쓰기는 돈도 되지 않는데, 뭐 하러 시간 쪼개 가면서 힘들게 해, 라고 책 쓰기가 의미 없다고 이야기하는 사람도 있다. 너무나 먹고 싶은 포도이지만 따지 못해 먹지 못하는 여우, 저 포도는 신 포도일 거야, 와 같은 합리화가 책 쓰기에서도 일어난다. 되는 방법이 많고, 그것을 시도라도 해보면 할 수 있을 텐데, 그냥 학습된 무기력과 같은 현상이 발생한다. 이제 솔직해지자. 자신의 속마음은 책 쓰기를 무가치해서 무시하는 것이 아니라, 정말 나도 남들처럼 책 쓰기를 하고 싶다는 것이다. 조금만 더 솔직해지고 그런 자신의 마음을 받아들이고 책 쓰기 시작해보는 것이다.

두 번째로 책 쓰기 나도 시작한다고 결단한다.

모든 행위 전에 있어야 하는 것이 마음의 결단이다. 특히 어렵다고 생각하는 것일수록 결단이 필요하다. 나는 필리핀 세부에서 아이 둘 데리고, 살아보기 결심을 하기 전까지 고민했었다. 내 나이가 많아서 걸리고, 아이들 알파벳도 못 하는 것도 걸리고, 남편이 혼자, 한국에 있는 것도 걸리고, 마음에 걸리는 것들이 왜 그렇게 많은지, 그것을 생각한다면, 나는 필리핀 세부에 가지 말아야 했다. 가지 못할 이유만 생각난다. 세부 살이를 해야 하는 이유는 자꾸 뒷전이 된다. 하지 못할 발목 잡는 이유만 머릿속에서 나열하면 안 된다. 그래서 세부 살이 해야만 할 이유에 집중하고 결단을 내렸다. 그리고 실행에 옮기게 되었다. 결단이 있으면 다음 단계의 일이 행동하는 것이기에 자동 행동으로 이어지게 된다. 결단을 내리면 행동은 쉬워지는데, 그래서 결단이 행동보다 조금 더 어렵다고 할 수 있다. 그래서 책 쓰기도 이런 결단을 먼저 해야 한다. 어떤 방해물이 나의 책 쓰기를 막는다 하더라도 나는 끝까지 갈 것이다. 그래서 내 이름 석 자 박힌 책 한 권을 세상에 내놓을 것이다,라고 결단부터 하는 것이다. 그러면 방법도 찾게 된다.

세 번째는 미루지 말고 행동으로 바로 옮긴다.

나는 책 쓰기를 마음먹고 가장 먼저 한 것이 다른 사람의 책을 필사하는 것이었다. 내가 필사를 한 이유는 필사가 책 쓰기에 꼭 필요하다고 생각해서가 아니다. 단지, 뭔가 책 쓰기를 위한 어떤 행동을 해야 하였기에 필사를 하게 된 것이다. 나중에 알게 되었지만, 나의 선택이 너무나 다행스럽고 시기적절했다. 필사로 인해 나는 책 쓰기에 대한 기술을 몸에 익힐 수 있었다. 필사가 아니더라도 책 쓰기를 위해 내가 할 수 있는 행동들을 정해서 하면 되는데, 경험상, 필사가 가장 좋다. 아무래도 책 쓰기는 글을 써야 하는 것이기에 필사가 아니라도 매일 A4 한 장씩이라도 자신의 글을 쓰기로 해도 좋다. 글쓰기는 직접 쓰는 것으로 익혀야 한다는 것을 누구나 알고 있다. 매일 쓸 분량을 계획해서 쓰는 것은 기본적으로 해야 할 행동이 되겠다.

책 쓰기는 재능하고 상관이 없다. 물론 재능이 없는 것보다 있는 것이 낫겠지만, 한 권의 책을 쓰는데, 재능이 절대적 요소가 되는 것은 아니다. 결단과 함께, 자신의 메시지와 사례만 찾는다면 A4, 2장 쓰기를 채워서 책 한 권을 쓸 수 있게 된다. 나는 인생 첫 책을 쓸 때 내가 하고 싶은 말이 없어서 곤욕을 치러야 했다. 다시 말해서, 나는 나의 메시지가 무엇인지 몰랐다. 조직문화에 익숙해져 나의 목소리 내는 것이 어색한 결과였는데, 나의 메시지를 찾는 것이 어려웠다. 그리고 사례를 어떻게 찾아야 하는지, 그것에 익숙해지는 데 시간이 필요했다. 요런, 부분만 채워진다면 재능과 상관없이 한 권의 책이 만들어지게 된다.

책 쓰기 타고난 재능이 없어도 됨을 다시 강조한다. 우화에 나오는 여우처럼 자신이 책 쓰기를 신 포도라고 이야기하고 있지는 않은지 자문해 보자. 책 쓰기를 시도도 해보지 않고 포기하지는 말기를 바란다. 책 쓰기 타고난 재능이 없어도 쓸 수 있는 것인데, 부정적 선입견으로 스스로 손을 놓지는 말자. 책 쓰기는 조금 서툰 글이라도 상관없다. 독자들은 당신의 경험과 노하우, 당신만의 특별한 이야기를 듣고 싶어 한다. 그것으로 삶의 어려움을 극복하는 데 힘을 얻는다. 그렇기에 글 못 쓴다고, 내 일이 아니라고 단정 짓지 말고, 그동안 해온 나의 일이나 취미로, 책 쓰기 시작해보자. 당신의 메시지와 살아온 시간만큼 쌓여있는 수많은 경험을 활용해서 한 권의 책을 완성해보시길 바란다.

책 쓰기, 최고의 걸림돌은 자기 자신이다

"나도 책 쓰기 할 수 있다."

이런 마음으로 덤빈 내 인생 첫 책 쓰기의 그 시간을 돌이켜본다. 그 당시 나는 아무것도 할 수 있는 것이 없었다. 책 쓰기에 관해서 내가 가진 것은 오로지, 열망뿐이었다. 나도 쓴다. 다른 사람처럼 나의 이야기를 쓸 것이다. 나의 삶을 통해 알게 된 나만의 깨달음을 책으로 풀어보리라는 야심찬 각오만으로 시작했었다. 그런 시작이었지만, 결국 인생 첫 책을 출간했다.

책 쓰겠다고 마음먹은 것이 책 쓰기 완성의 반에 해당하였다. 각오하고 뛰어든 그 세계는 좀 더 만만한 생각이 든다. 그래, 이제부터 하나하나 배우고 알아 가면 되는 거야. 어떤 일도 시작이 없는 일은 없어, 어설프지만 그런 시작이 있었기에 가능한 거야, 라고 생각했다.

책 쓰기에 있어서 마음가짐이 중요하다. 모든 환경이 갖추어져 있지 않은 상황이었지만 마음만이라도 책 쓰기에 대한 각오를 단단히 한다면 책 출간은 할 수 있다. 책 쓰기에 완벽한 환경은 있을 수 없다. 설사, 모든 여건이 갖추어져 있다 하더라도, 자기 스스로 안 된다고 생각하고, 불가능하다고 여긴다면 불을 보듯 뻔한 결과, 실패만이 있을 것이다. 자기 자신이 가장 큰 지원군이 되기도 하고, 가장 큰 걸림돌이 되기도 한다.

책을 못 쓸 이유는 많다. 나도 《하루 한 권 독서법》을 쓸 때, 책을 쓰지 못할 이유만 생각했었다. 내가 책을 쓰지 못 할 이유는 다음과 같았다.

첫째, 나는 누구에게 읽힐 글을 한 번도 써보지 않았다. 일기는 쓰고 살았지만, 그것은 나만 보는 글일 뿐이었다. 누군가에게 보여준다고 생각했다면 그 일기도 쓰지 못했을 것이다. 글이라고 하면 말하는 것과 완전히 다른 세계라고 생각했기 때문에 글쓰기에 대한 자신감이 전혀 없었다.

둘째, 글과 상관없는 삶을 살았다.

대학을 졸업하고 직장생활을 하면서 쓰는 글이라고 한다면 스마트 폰이나 메일 메시지 쓰는 것이 전부였다. 물론 직장에서 써야 하는 글도 있었다. 연간계획이나 어떤 일을 추진하기 위해 결재받는 기안서이다. 그것은 개인적 메시지가 들어가는 것이 아니라 업무 중심의 계획과 기안일 뿐이다. 그렇게 직장의 간단한 글과 메시지 작성 외에 글과는 상관없는 삶을 오랫동안 해왔다.

셋째, 스스로 생각하기에 오로지 직장생활만 열심히 해왔다.

생활 자체가 직장생활 중심이다. 하루 8시간 이상 직장 일을 하면서 개인적으로 다른 일을 해보리란 것을 생각해보지 않았다. 퇴근한 후에도 내일의 직장생활을 위해 휴식을 취했다. 주말도 마찬가지이다. 월요일 직장

생활을 위해 주말에 적당히 무리하지 않는 선에서 나의 개인 생활을 한다. 만약 장거리라도 뛰어야 하는 피치 못할 사정이 생긴다면 간단히 볼일만 보고 빨리 집으로 돌아온다. 그런 삶의 연속이었다.

넷째, 퇴근하면 너무나 피곤한 평범한 직장인이었다.

퇴근하면 정말 피곤하다. 직장생활이 중노동도 아닌데, 왜 퇴근만 하면 몸은 천근만근일까? 직장에서는 그 정도는 아니었는데, 집에만 오면 급히 피곤해진다. 참 신기할 노릇이다. 피곤하니까 바로 쉬는 시간을 가진다. 잠시 소파에라도 눕게 된다. 그렇게 눕다 보면 만사가 귀찮아진다. 저녁은 밖에서 해결, 간단히 외식하게 되고 그렇게 하루는 마감이 된다.

다섯째, 시간이 없다.

직장 다닐 시간은 많지만 내 시간 가지고, 내 글 쓸 시간은 없다. 주중에는 더욱 그렇다. 주 중에 만날 사람도 있다. 만나서 식사라도 하게 된다면 그날은 그것만으로 부족한 시간이 된다. 퇴근하고 나를 위한 시간을 가지기는 정말 쉽지 않다. 잠시 TV 볼 시간은 가능하지만 왜 나만의 시간을 갖는 것은 그렇게 어려울까? 직장인이라면 누구나 느끼는 부분이다. 이것의 답은 한 가지이다. 쓸데없이 보내는 시간을 끌어안고서 나의 시간을 찾으니까 없는 것이다. 시간이 없으니 글 쓸 시간도 1도 안 나오게 되는 것이다.

만약, 책을 쓰겠다고 각오를 했다면, 한 가지 방법을 나는 제시한다. 딱 2달만 기존생활을 엎어버리라는 것이다. 앞에서 말했듯이 책 쓸 시간, 글 쓸 시간 하나도 없는 생활을 딱 2달만 버리는 것이다. 책 쓸 시간, 글 쓸 시간 만들고, 책 쓰기에 관련된 생활로 새롭게 세팅하고 책 쓰기 시작하는 것이다.

　우선은 퇴근 후 2시간과 주말 시간을 챙기자.

　퇴근한 후 나는 무엇을 했는지 생각해보자. 운동하는 경우도 있고, 아니면 가정주부라면 집안일, 아이들 챙기는 것, 기타, 일들을 할 것이다. 퇴근 후 운동을 했던 사람이라면 운동을 잠시 중단하던지, 아니면 기존운동 시간의 반만 하든지, 그렇게 퇴근 후 시간을 글 쓰는 시간으로 확보해보자. 워킹 맘일 겨우 퇴근 후에 할 일이 고정적이라 더 변동을 주기가 쉽지 않겠지만 융통성 있게 2달만 다른 방법을 찾아보자. 예를 들어 자기 일을 아웃 소싱하는 것이다. 반찬 할 시간 빼고, 밥할 시간도 때론 빼고, 청소 시간도 빼고, 그렇게 시간을 벌어 보자.

　그리고 이것이 힘들다면 책 쓰기에 더없이 좋은 금싸라기 같은 시간, 새벽 시간을 활용해보자. 나는 누구보다 잠이 많은 사람 중 한 명이었다. 항상 나는 저녁형 인간이야, 라고 호언장담했다. 하지만 지금은 누구보다도 새벽을 사랑하는 사람이 되었다. 새벽 시간을 나의 삶으로 끌어들여 귀하게 사용하고 있는 것이다. 이런 경험으로 누구나 새벽형 인간이 될 수 있다고 강조하고 싶다. 이제 새벽을 챙겨야 할 때가 되었다. 그동안 모르고 지냈다면 그만큼 인생 손해였을지 모른다. 지금부터 이 시간을 글 쓰는 시간으로 활용해보자. 때론 책 읽는 시간으로도 활용하자. 가장 개운한 뇌 상태에서 읽고 쓰면서 많은 아이디어를 얻고 내 인생 새로운 혁신의 계기가 되는 시간으로 만들자. 딱 2달만 투자해보자.

　또한 쓰는 것에 익숙하기 위한 방법으로 나는 필사를 시도하기를 권한다. 낮에 짬 시간이 날 때마다 필사하자. 필사는 가장 쉽게 글을 쓸 방법이다. 쉽게 글쓰기 시작할 수 있고, 생각 외로 그 효과는 크다. 경험해본 사람만이 제대로 그것을 느낄 수 있다. 인생 첫 책을 쓸 때 나에게 그 누구도 필사하라는 이야기를 하진 않았다. 궁하면 통한다고 글은 써야겠고, 결국 찾은 것이 필사였었다.

글에 익숙하지 않은 사람일수록 필사로 글과 친해져야 한다. 필사를 매일 한다면 반드시 글쓰기에 익숙해질 수 있을 것이다.

매일 필사를 반복하게 되면 글쓰기가 일상처럼 친숙해지는 것이다. 그런 상황에서 책 쓰기를 함께 하는 것이다. 책 쓰는 방법을 알고 그것에 맞추어 나의 메시지와 사례를 섞어서 1꼭지, 1꼭지 글을 써 내려간다. 글 쓰는 경험이 전혀 없었던 나도 1달 만에 초고를 완성했다. 당신은 나와 비슷하든가 아니면 나보다 훨씬 글을 많이 써본 사람일 것이다. 딱 2달만 투자해보자. 2달 동안 목차 만들고, 꼭지 글을 쓰면서 한 권의 책 분량을 써낼 수 있을 것이다.

책 쓰기 가장 큰 걸림돌은 자기 자신이다. 책 쓰기 방법을 몰라서 하지 못하는 것이 아니다. 누구나 책을 쓰는 시대, 자신의 결단이 필요하다. 결단만 내린다면, 책 쓰기, 그 길은 더 잘 보이게 될 것이다.

책 쓰기 시작하고 나서 부정적인 자아개념을 가지면서 나는 안 될 거야, 라는 이미지를 연상하는 것도 금물이다. 힘든 시간이 분명 찾아올 수 있는데, 그 시기에 부정적인 개념으로 쉽게 포기할 수도 있다. 포기하고는 합리화한다. 이렇게 해서 내가 책 쓰기 못했다고 스스로 위안한다. 하지만 그것이 아님을 본인이 더 잘 알고 있다. 책 쓰기 포기는 자신의 선택이란 것을 본인은 아는 것이다. 책 쓰기 최고의 장애물은 자신임을 깨달아야 한다. 자신 외에 그 무엇도 책 쓰기를 방해할 수 없다. 그것부터 인정해야 책 쓰기 시작하고 마칠 수 있다.

책 쓰기 방법에 대해 궁금해해라

며칠 전부터 아이들에게 영어 문법을 가르치고 있다. 현재 아이들과 나는 세부 살이 중이며 1년이 조금 지난 시점이 되었다. 아이들 영어 듣기와 말하기는 어느 정도 수준에 달하고 있는 듯이 보인다. 저녁에 현지인 튜터가 집에 와서 아이들을 가르치고 있는데, 튜터와 대화하는 것을 보면 아이들이 영어로 말하는 것은 좀 되는구나, 라고 추측할 수 있었다. 내 생각대로 아이들도 그렇게 표현을 한다.

"엄마 듣고 말하는 것은 좀 되는 것 같아."

하지만 읽고 쓰는 것이 잘 안 된다. 큰아이 같은 경우에는 시험 기간에 속상한 속내를 말했다. 드문드문 읽기는 하겠는데, 전혀 이해가 안 가서 시험을 풀 수가 없다고, 라고 울먹거렸다. 현지 학교에 다니고 튜터까지 집에서 하기에 나는 어느 정도 읽고 쓰는 것이 될 것이라고 예상했지만 아직 시간이 많이 필요한 듯하다. 그래서 생각한 것이 나는 직접 문법을 가르쳐야겠다고 생각했다. 남편을 통해서 한국 초등학생을 대상으로 하는 영어 문법책을 주문했다. 요즘은 책이 워낙 잘 되어 있어, 충분히 잘 가르칠 수 있게 되어 있었다. 그렇게 나는 아이들을 가르치기 시작했다.

처음에 나오는 부분이 be 동사이다. be 동사인 am, are, is가 주어에 따라서 어떻게 달라지는지 자세히 나와 있다. 아이들은 내가 가르쳐 주는 것을 보고 아주 놀라워한다. 학교에서 선생님이 이런 것을 가르쳐 주긴 했지만 잘 못 알아들었는데, 이제는 자세히 알겠다고 좋아한다. 영어로 된 책을 1년 동안 봤지만, 그것이 왜 그렇게 만들어지는지 몰랐다. 그냥 갓난아이가 말을 배우듯이, 그렇게 영어를 익히고 있다가 문장이 만들어지는 원리와 방법을 배우게 되니, 이해가 잘되어 너무 좋다고까지 이야기한다. 아마도 처음부터 이런 문법을 가르쳤다면 재미없다고 이야기했을지는 모르겠지만 어느 정도 영어에 노출이 된 상태에서, 영어문장이 만들어지는 원리를 알게 되어 반가웠을 것이다. 아이들은 그것을 알고 난 뒤 영어에 좀 더 자신감을 가지는 듯 보였다.

이렇듯, 어떤 분야에서든 그것을 제대로 알고 정복할 방법이 있다. 그 방법이 핵심일지도 모른다. 방법만 제대로 안다면 훨씬 쉽게 그 분야를 이해할 수 있고 실제 실천으로 바로 옮길 수 있다. 책 쓰기도 마찬가지이다. 책 쓰기도 기술을 배우듯 그것의 방법을 알게 된다면, 생각만큼 그렇게 어렵지 않게 쓸 수 있게 될 것이다. 충분히 한 권의 책을 쓸 수 있다. 이 사실 자체도 모르는 사람이 많다. 책 쓰기는 글을 잘 쓰는 사람만이 할 수 있는 영역이라고 생각한다. 그런 생각으로부터 먼저 깨어나야 한다.

책 쓰기 방법이라고 한다면 크게 2가지를 말할 수 있다. 나는 이것을 책 쓰기의 2가지 관문이라고 이야기한다. 이 2가지만 안다면 평생 책을 쓸 수 있다. 시간이 지날수록 점점 몸에 익숙해져서 책 쓰기는 더욱더 쉬워질 것이다. 책 쓰기의 2가지 방법은 바로 목차 만들기와 1꼭지 쓰기이다.

목차 만들기는 내가 쓰려고 하는 글의 뼈대를 만드는 것이다. 집짓기로 비유하자면 목차는 설계도와 같다. 집을 지을 때, 설계도가 있다면 그 설계도에 따라서 재료를 준비해서 하나하나 집을 지어 가면 된다. 책 쓰기에서 목차도 그런 역할을 한다. 목차를 만들 때 내가 쓰고자 하는 메시지를 만든다. 그냥 만드는 것이 아니라 논리적 순서에 따라 만든다고 생각하면 좀 더 쉽다. 우선 목차를 만들기 전, 제목부터 만든다. 제목은 내가 쓰려고 하는 주제의 콘셉트이기도 하다. 즉 예를 들어 이 원고의 제목이 'A4 2장 쓰면 책 한 권 쓴다.'이다. 이것은 제목이면서 내가 쓰려는 콘셉트이다. 그래서 1장에서 5장까지 장 제목을 만들었는데, 이 장 제목의 흐름을 보면 제목을 중심으로 논리적 순서대로 만들었다고 볼 수 있다. 1장은 책 쓰기의 필요성에 대해서 언급했고 2장은 책 쓰기에 대한 일반적인 문제 상황, 3장은 책 쓰기 하기 위해 생활을 어떻게 해야 하는지 4장은 구체적 책 쓰기를 위한 A4 2장을 쓰는 구체적인 방법, 5장은 그렇게 A4 2장을 써서 결국 책이 되고 그것이 내 인생을 어떻게 변화시킬 것인지, 순차적으로 정했다.

그리고 잊지 말고 마음에 간직해야 할 부분은 목차 자체는 내가 하고 싶은 메시지라는 것이다. 타깃 독자를 정해서 목차를 만들게 되는데, 그 독자에게 내가 해주고 싶은 말들, 그것을 한 문장씩 만드는 것이다. 여기에서 타깃 독자가 명확할수록 내가 하고 싶은 말도 명확해진다. 타깃 독자가 모호하면 하고 싶은 메시지도 생각나지 않게 되고 모호해진다. 그래서 타깃 독자는 분명하게 해야 하는데, 내 가까이에 있는 누구라고 아예 못을 박고 시작하는 것도 좋은 방법이 된다. 나는 이 원고의 타깃 독자를 퇴직이 얼마 남지 않은 오빠나 새언니로 정하고 목차를 만들었다. 평생 직장생활만 한 두 사람은 이제 50대 중반이 되어 퇴직을 앞두고서 조금은 불안한 마음을 가지고 있다. 그래서 책 쓰기를 한다면 여러모로 도움이 될 것이란 생각에 책 쓰기를 제의하고 싶은 마음으로 타깃 독자로 정하게 되었다. 어떻게 하면 책 쓰기 시작할 수 있으며, 그리고 책 쓰기가 구체적으로 어떻게 자신에게 도움이 될지, 또한 구체적인 쓰는 방법은 어떤 것이 있는가에 대해 상세히 실으려고 하고 있다. 결국, 인생 첫 책을 쓰려는 모든 사람을 위한 원고이다.

목차 만들기 처음에는 혼자 하기 힘들다고 생각할 수 있다. 그럴 때는 먼저 책을 쓴 사람으로부터 도움을 받는 것도 괜찮다는 생각이다. 아주 간단한 일이라도 그 방법을 모를 때는 안개 속을 운전하듯 막막하다. 책 쓰기 목차 만들기도 그럴 수 있다. 이론상 방법을 안다고 하더라도 처음에는 어렵게 느껴질 수 있기 때문에 먼저 한 사람과 함께 하는 것도 괜찮다. 처음이기 때문에 같이 하고, 두 번째 원고부터는 혼자서 한다고 생각하면 좋을 것 같다.

책 쓰기 2번째 관문이라고 한다면 1꼭지 쓰기이다. 1꼭지 쓰는 방법에 대해서 제대로 익힌다면 책 쓰기가 즐거운 여행이 될 것이다. 하면 할수록 가슴 떨리는 여행, 그것이 곧 책 쓰기가 될 것이다. 1꼭지 쓰기, 쉽게 말해 A4 2장 쓰기에 대한 방법들, 이 책에서 말하고 싶은 핵심이기도 하다. 나는 책 쓰기를 하는 지금까지 1꼭지 쓰기에 대한 일기를 쓰고 있다. 그때그때 떠오르는 방법에 대해서 정리하고 있다고 할까?, 그것이 이 책의 요긴한 자료가 되고 있다.

1꼭지 쓰기에 대한 방법은 분명히 있다. 작가마다 다르기는 하지만 그래도 공통적인 부분이 있다. 4장에서 자세히 언급하겠지만 대략 중요하면서 일반적인 도구라고 한다면 서론-본론-결론형식을 갖고 쓴다는 것이다. 단지, 차이점이라면, 서론-본론-결론을 작가마다 채우는 스타일이 따로 있다는 점이다. 작가마다 많이 사용하는 방식이 있을 것이다. 주로 1~3가지 정도 채우는 방식을 소유하고 있다고 할 수 있겠다. 자주 쓰는 방식대로 서론과 본론을 채운다. 결론은 주로 한, 두 문단으로 전체를 종합하고 마무리하는 식으로 끝을 맺는다. 그에 비해 서론과 본론은 자기만의 방식으로 채우면 된다.

책 쓰기에 대한 방법은 분명히 내가 알아야 할 부분이다. 무턱대고 달려들어 책 쓰기를 완성할 수 있는 것은 아니다. 글쓰기 실천은 바로 시작하되 방법들에 대해 하나하나 배우면서 점점 자신감 있게 책 쓰기를 해나가야 한다. 관심과 주의를 가진 만큼 그것은 우리의 현실이 될 것이다. 책 쓰기 방법을 거시적 관점, 미시적 관점으로 나누어 접근할 수 있다면 책 쓰기도 그리 어려운 분야가 아니라는 것을 알게 될 것이다. 원리를 알아야 어떤 상황에서도 융통성을 발휘할 수 있듯이, 책 쓰기 원리, 방법을 알아야 책 쓰기도 자유자재로 패턴을 바꾸어 가면서 쉽게 쓸 수 있을 것이다. 책 쓰기 성공, 그 방법을 아느냐 모르느냐가 결정할 것이다.

고민하지 말고 필사부터 시작해라

책 쓰기, 보통 어렵게 여기는 경향이 있다. 왜냐하면 책 쓰기가 인생 처음인 경우가 대부분이기 때문이다. 책 쓰기는 글을 써야 하는데, 보통사람은 글쓰기를 스스로 취약한 부분이라고 생각한다. 사실 그렇게 생각할 수밖에 없는 이유가 있다. 대한민국이란 나라에서 글쓰기가 그렇게 흔한 일이 아니고 어릴 때부터 많이 해보지 않았기 때문이다. 초·중·고 12년 다니는 동안, 글쓰기에 대한 기회는 많지 않았다. 공교육과정 자체가 글쓰기 수업에 그렇게 많은 비중을 두지 않기 때문에 소수의 인원을 제외하고 글쓰기라면 어려운 것 이란 편견을 가지고 평생을 살아간다.

그런데도, 책은 쓰고 싶다는 꿈을 가지고 있는 사람 또한 많다. 주변 사람에게 책 쓰기에 대한 조언을 구할 때, 힘들게 뭐하러 쓰려 하느냐, 라는 답변이 돌아온다. 당연한 답변이다. 책 쓰기를 해보지 않은 사람은 그것의 가치를 잘 모르기 때문이다. 차라리 조언을 구하지 않는 것이 백번 나을 수 있다. 혼자서 쓰고 싶은 대로 시작해 보는 것이다. 책은 쓰고 싶다, 라고 생각하는 사람은 그래도 자신의 내면에 귀 기울일 줄 아는 사람이다. 틀에 박힌 삶에서 좀 더 의미 있고 가치 있는 새로운 도전이란 것을 해보고자 하는 사람인 것이다.

글쓰기 자신 없다 하더라도 책 쓰기 할 수 있는 방법이 있다. 글쓰기 자신 없는 사람일수록 이 방법을 사용하면 글쓰기 가능하게 되고, 책 한 권도 완성할 수 있다. 가장 쉬운 방법이 아주 가까이에 있다는데, 먼 곳에서 그 답을 찾으려고 하지 마라. 아주 가까이 그것도 아주 쉬운 그 방법은 바로 필사이다.

처음 인생 첫 책 《하루 한권 독서법》을 쓸 때 나는 필사부터 했다. 독서 5년 만에 책 쓰기를 각오한 나는 본격적으로 책 쓰기 2달 전부터 고민을 했다. 내 평생 남에게 읽히는 글이라고는 한 번도 써보지 않았는데, 어떻게 할까? 학창 시절 글쓰기 대회, 한 번도 안 나가본 것이 후회 될 정도로 아쉽고 막막했다. 그럴 때 생각난 것이 새벽 독서 후의 아이디어였다. 그래, 호랑이를 잡으려면 호랑이 굴에 들어가야 하듯이, 책을 쓰려면 굳게 마음먹고 일단 글이라는 것을 써봐야 한다. 그 글이 어떤 글이 되든 간에 내 몸에 글쓰기라는 환경을 접목해야 한다. 그런 생각으로 필사를 생각하게 되었다. 필사는 남의 글을 베껴 쓰는 것이다. 베껴 쓰더라도 그것은 글이라는 생각을 하게 된 것이다. 지금도 그때를 생각하면 스스로가 기특하다. 누군가가 필사를 해라, 라고 조언을 준 것도 아니었다. 어찌하였든, 쓰기 위해서 필사를 스스로 발견하였기에 더 열심히 하게 되었다.

필사는 처음에 반신반의했다. 필사의 효과를 듣고서, 알고서 한 것이 아니었기에 크게 기대를 하지 않았다. 머리로는 그냥 자판 연습이라도 될 것이니까, 그리고 필사하면서 책을 읽게 되는 것이니까, 필사한다고 그냥 소극적인 생각만 했다. 하지만 생각과 실제는 아주 달랐다. 생각으로 상상한 효과와 실제 해보고 내가 느낀 효과는 하늘과 땅 차이이다. 그래서 나는 책 쓰기 초보자일수록, 글쓰기 자신 없는 사람일수록 필사를 하라고 이야기한다. 나의 필사 경험을 통해 필사 효과에 대한 확고한 신념이 지금은 생겼기 때문이다.

책 쓰기 처음인 사람일수록 필사를 해야 하는 이유는 다음과 같다.

첫째, 그대로 따라 쓰기 때문에 글쓰기가 쉽다.

쓰기가 어렵다고 생각하는 이유는 나의 메시지를 써야 하기 때문이다. 나의 메시지를 쓰는 것은 처음부터 쉽지 않다. 보통 어떤 상황에서 비평은 할 수 있지만, 그 상황에서 긍정적 해결법을 제시하는 것은 어렵다. 나의 메시지는 긍정적 해결법에 해당한다고 할 수 있다. 새로운 아이디어, 해법들로 나의 메시지를 만들어야 하기에 다소 연습이 필요한 것이다. 하지만 필사는 그냥 따라 쓰면 된다. 아무 생각이 없더라도 따라 쓸 수 있다. 그냥 따라 쓰다 보면 서서히 그 책의 문장들이 가랑비에 옷 젖듯이 나의 뇌리에 들어온다. 그렇게 쉽게 쓸 수 있고 그 영향을 자연스럽게 받아 글쓰기를 조금씩 알게 되는 것이 필사이다.

둘째, 따라 쓰지만 그래도 내가 쓴다는 느낌을 받는다.

필사도 내가 직접 자판을 두드려 쓰는 것이다. 내용이 내가 아닌, 다른 작가의 메시지와 사례라는 것뿐이다. 글 쓰는 행동 자체는 내가 직접 쓰는 것과 같다. 그런 쓰는 행동으로 나는 행동에 따른 느낌, 내가 쓴다는 느낌을 받는다. 이 느낌은 기분 좋은 느낌이고 자신감이 생기게 하는 느낌이다.

셋째, 글을 쓰는 것이 익숙해진다.

내가 직접 자판을 두드려 하얀 종이를 채워가고 내가 쓰는 느낌을 받는다는 것은 글쓰기에 점점 익숙해진다는 것이다. 글을 쓰는 것이 이제 어색하지 않게 될 것이다.

넷째, 필사하면서 어떻게 써야 하는지 감을 잡게 된다.

필사하면서 가장 큰 수확은 쓰는 방법에 대해 감을 잡을 수 있다는 것이다. 이론을 통해서 백 번 들어도 모르던 것을 직접 필사하면서 터득하게 된다. 책 쓰기 방법에 대한 감 잡기 가장 쉬운 방법이 필사라는 점 강조한다.

다섯째, 이제는 내 생각을 쓰고 싶다는 생각을 하게 된다.

매일 쓰면서 글쓰기가 이제 낯설지 않게 되었다. 그리고 쓰는 방법에 대한 감도 조금 생겼다. 그러면 다음 순서가 내 생각으로 글을 쓰고 싶다는 마음이 생긴다는 것이다. 언제까지 남의 글이나 베끼고 있을 것인가? 나도 이제는 쓴다, 라는 오기와 자신감이 생긴다.

여섯째, 남의 글과 나의 글을 동시에 쓰면서 쓰는 것이 좀 더 익숙해진다.

나의 글을 쓰면서도 필사는 계속해야 한다. 왜냐하면 필사처럼 쉽게 매일 글 쓰는 방법이 없기 때문이다. 나의 글은 쓰다가 잘 안 써질 때가 있다. 그럴 때 필사로 글쓰기 행동을 계속 유지하는 것이다. 모방은 최고의 배움이 된다. 필사를 통해 알게 모르게 그 방법을 터득하게 되고 내 글쓰기는 더 잘 할 수 있게 된다.

일곱째, 매일 하는 글쓰기가 나의 삶이 된다

사람에 따라 남의 글에서 내 글로 넘어가는 것은 시간 차이가 있다. 하지만 분명한 것은 남의 글을 필사함으로써 반드시 내 글을 쓰고자 하는 욕구와 자신감이 함께 생긴다는 것이다. 이것에 대한 믿음을 가져라. 필사로 매일 쓰고 이것이 나의 글쓰기로 이어짐으로 글쓰기는 나의 삶이 된다. 글쓰기가 삶이 되는 순간 책 쓰기는 더욱더 만만해진다.

머리로만 고민한다고 해서 해결되는 것은 아무것도 없다. 고민 하더라도 시도를 하면서 해결해야 한다. 책 쓰기도 마찬가지이다. 글은 쓰지 않으면서, 책 쓰기 시작도 하지 않으면서 머리로만 이 생각, 저 생각을 한다면 더욱 자신이 없어질 수도 있다. 때론 마음의 평화를 위해 생각을 접고 행동부터 시작할 때가 의외로 더 쉽게 답을 얻을 수 있다. 책 쓰기 고민하지 말고 쉽게 쓰는 방법, 필사부터 하기를 권한다. 필사하면서 글쓰기가 자연스럽게 되고, 책 쓰기도 나의 일로 좀 더 쉽게 받아들이게 된다. 필사함으로써 책 쓰기 이렇게 하면 되겠다는 깨달음도 가질 수 있다. 고민만 하지 말고 필사부터 시작하자. 필사가 책 쓰기에 익숙한 몸과 마음으로 당신을 변화시킬 것이다.

하고 싶은 말을 끄집어내라

"내가 하고 싶은 말이 무엇인가?"

가끔 이런 생각을 한다. 기쁘고, 슬프고, 행복하고, 기타 등, 감정을 인지하기는 오히려 쉽다. 하지만, 내가 하고 싶은 말은 무엇인지 잘 모르겠다고 느낀다. 감정이 격해지면 더욱더 그렇다. 감정이 명확할수록, 하고 싶은 말은 명확하지 않다. 쉽게 인지되는 감정에 비해서 하고 싶은 말은 무엇인지도, 정리도 잘 안 될 때가 많은 것이다. 그래서 손해를 본다. 간절한 책 쓰기, 또한 이것이 잘 안되어 어렵게 된다. 아이나 어른이나 마찬가지이다.

아들과 딸은 자주 말싸움을 한다. 아들은 초등 4학년, 딸은 초등 3학년이다. 나이도 비슷비슷해서 자주 말다툼을 한다. 사사로운 일로도 싸운다. 싸움을 하다 보면 자연스럽게 언성도 높아지고 몸싸움으로까지 이르게 된다. 하루는 아들이 분을 삭이지 못하고 작은 아이를 밀쳤다. 작은 아이는 울고불고 난리가 났다. 어쩔 수 없이 중재가 필요하다. 나의 감정도 격해져 있는 상황, 둘을 불러 놓고 자초지종을 묻고 아들은 왜 폭력을 사용했는지? 엄하게 꾸짖었다. 작은 아이는 원인제공을 했기 때문에 책임이 있고 큰아이는 폭력을 썼기 때문에 책임을 물어야 했다. 큰아이는 폭력이 아니라고 우기지만 꽃으로도 때리지 말라는 했는데, 폭력의 강도가 중요한 것이 아니었다. 자존심에 상처를 받기 때문에 폭력 자체가 엄하게 다루어야 할 이유가 된다. 작은 아이는 역시 기분 나쁘고 자존심에 손상이 갔기 때문에 울고불고 세상이 떠나가라 우는 것일 것이다. 어찌하였든 둘 다 혼이 나야 할 상황이었다.

작은 아이는 조곤조곤 이야기함으로써 위기를 모면한다. 하지만 큰 아이는 감정이 앞서고 말을 머뭇거려 더욱 혼이 났다. 어떤 상황에서든 자신의 감정을 진정시키고, 하고 싶은 말을 정리해서 말하는 것이 필요하다. 폭력만 봤다면, 큰아이가 잘못이지만, 또 눈에 보이지 않았던, 또 다른 부분이 있기에 그것을 간과해서도 안 된다. 그런 상황에서 아이는 잘 설명을 하는 것이 필요했다. 큰아이는 하고 싶은 속의 말을 꺼내서 잘 정리하여 엄마에게 이야기하고, 자신의 진심이 오해로 끝나지 않도록 해야 한다. 하고 싶은 말을 정리해서 상대방이 이해하도록 잘 말하는 것은 여러 면에서 중요하다고 할 수 있겠다.

자신이 하고 싶은 말을 알고 있는 것은 책 쓰기에서도 중요하다. 책 쓰기 주제를 정했을 때 그 주제와 관련해서 자신의 경험과 그 경험을 통해 말하고자 하는 메시지가 있어야 한다. 그렇기 때문에 주제를 정할 때, 자신이 경험하고 살아온 분야의 주제를 정한다. 그래야 자신감 있게 자신의 메시지를 찾아서 강조할 수 있다. 하지만 아주 익숙한 주제, 내가 일하는 분야의 주제, 내가 취미로 하는 주제라고 하더라도 바로 메시지를 가질 수 있는 것은 아니다. 이것도 연습이 필요하다. 특히 오랫동안 직장생활을 했다거나 조직 생활에서 많은 시간 노출된 사람일수록 자신이 하고 싶은 말이 없다는 것을 알게 된다. 정확하게 말하면, 하고 싶은 말이 무엇인지 잘 모른다는 것이다. 이것이 사실이 아닌 것 같지만 사실이다. 의외로 그동안 자신은 하고 싶은 말도 없이 그냥 삶의 흐름에 편성해서 살아왔다고 생각하게 된다. 글쓰기를 해보면 더욱 이런 안타까운 상황에 직면하게 된다.

나는 2017년 끝날 즈음에 책 쓰기를 본격적으로 시작했다. 이것이 인생 첫 책 쓰기였다. 그렇게 시작을 하고 제목-목차 만들기를 했고, 목차까지 만들고 나서 초고 쓰기를 시작했다. 초고 쓰기는 목차 수만큼 매일 하루에 1개 꼭지씩 쓰는 것을 목표로 한 달 내에 완성하리라고 다짐했다. 초고 쓰는 시간이 너무 늘어지면 초고완성이 어려울 수 있다고 생각했기 때문이다. 인생 첫 책이지만 바짝 긴장한 상태로 초고완성을 해내고야 말겠다고 계획을 세웠다.

하지만 쉽지 않았다. 내가 초고를 쓸 때 어렵게 생각한 부분은 다음과 같다. 처음에는 시간을 내기가 어려웠다. 책 쓰는 시간, 그 동안 내 인생에서 한 번도 없었는데, 없던 그 시간을 만들어서 그 일을 스파르타식으로 해내려고 하니, 내 생활을 조절해야 했다. 짧은 시간, 초고 쓰기를 해내기 위해, 기존 생활에서 무더기 시간을 들어내어야만 초고 쓰는 시간을 확보할 수 있다. 나는 독서 시간을 줄였다. 쓰기 위해서 읽는 시간이 필요하지만 그것보다 당장 초고 쓰는 것이 목표이니, 그 시간을 줄이기로 했다. 그래서 새벽 독서 대신에 새벽 초고 쓰기로 바꾸었다. 그리고 사소한 일들은 특별히 중요하지 않으면 다 생략하는 것으로 했다. 초고 완성하는 목표를 세운 그 한 달 동안 초고 쓰기를 제1순위로 정한 것이다. 시간을 만드는 것은 생각 외로, 나의 의지대로 되었고, 크게 문제가 되지 않았다.

초고 쓸 때 가장 힘든 부분은 내가 하고 싶은 말, 강조하고픈 말이 무엇인지 잘 모르겠다는 것이었다. 내가 무엇을 말하고 싶은지 나 자신이 잘 모른다. 목차도 내가 하고 싶은 말이 되겠다. 원래 목차는 나의 메시지를 정갈한 문장 40개로 뽑아서 만들어 놓은 것이다. 1꼭지 쓰기는 목차로 만들어 놓은 핵심 메시지에 대해, 좀 더 구체적으로 적어나가면 된다. 예를 들어, "1-05 자식에게 책 쓰기 가르치고 싶다"라는 나의 메시지가 있다고 해보자. 이 목차에 들어갈 말은 내가 자식에게 책 쓰기를 가르치고 싶은 이유에 대해서 기본적으로 언급해주어야 한다. 아이가 책 쓰기를 해야 하는 이유로 나는 "책 쓰기를 하면 아이들의 창의력과 표현력을 키울 수 있다."라고 이야기했다. 그리고 창의력이 어떻게 해서 발달하게 되는지를 썼고, 표현력은 어떻게 발달하게 되는지에 관해서 썼다. 이렇게 순서에 맞게 내가 하고 싶은 말을 구체적으로 쓸 수 있어야 한다. 하지만 처음 책 쓰기를 할 때 이것이 잘 안되었다. 목차까지는 어영부영 만들었지만, 더 구체적으로 풀어서 쓰는 1꼭지 쓰기에 무슨 말을 쓸지 난감했다.

책 쓰기를 통해서 나는 그동안 나의 생각이란 것이 없이 살았구나, 라는 것을 느꼈다. 내가 정한 주제에 대해 나는 무엇을 말하고 싶은지, 나는 어떤 것을 강조하고 싶은지 알 수 없다는 것을 책을 쓰면서 알게 된 것이다. 이런, 그동안 나는 어떻게 산 거야, 눈앞에 보이는 것에만 신경을 쓰면서, 부화뇌동하며, 감각적으로 살아왔구나, 하는 반성이 되었다. 반성이 있으면 그 후에는 발전이 따라오는 법이다. 무엇이 잘못되었는지 그 문제를 모르면 발전도 없는 것처럼, 책 쓰기를 통해서 나의 문제, 즉, 내 생각과 메시지가 없었다는 사실을 인지하면서 목소리를 내는 연습을 하게 되었고, 점점 나의 메시지를 찾아내기 시작했다.

어떤 주제에 대해서 할 말이 많은 것 같지만 쓰려면 막상 그렇지 않았다. 그래서 그것이 책 쓰는데 가장 힘든 부분이었다고, 책 쓰기 가장 걸림돌이었다고, 이제는 말할 수 있다. 내가 하고 싶은 말이 있는 것이라고 느꼈지만, 생각 외로 내가 하고 싶은 말이 무엇인지 모를 수 있다는 것이다. 그래서 스스로 그것을 인지하면서 책 쓰기가 어렵게 느껴졌었다. 다른 책들을 보면 생각들이 정리가 잘 되어 있어 작가가 무슨 말을 하고 싶어 하는지 알 수가 있는데 나는 내 메시지가 무엇인지 모른다는 것 때문에 책 쓰기에 벽을 느꼈었다. 하지만 책을 쓰면서 점점 좋아진다. 통과의례와 같은 과정이다. 책 쓰기를 통해 내가 진정 하고 싶은 말들, 즉, 내 메시지를 찾게 된다. 사실은 할 말이 없었다기보다, 내부에 있는 그것을 끄집어내지를 못했을 뿐이었다. 그래서 책 쓰기는 내면의 목소리를 끄집어내는 연습이 되어, 자신의 메시지를 찾고 쓰게 되므로 자신도 모르게 잃었던 자존감을 회복하게 되고 표현력까지 좋아지게 되는 것이다.

하고 싶은 말을 조금씩 끄집어내어 쓸 수 있다면, 책 쓰기는 가능하다. 처음에는 자신의 할 말이 무엇인지, 자신의 메시지가 어떤 것인지 명확하지 않지만 쓰는 과정 중에 점점 좋아진다. 쓰는 기술을 조금만 가미시키면 누구나 자신의 스토리를 입혀, 멋진 책을 쓸 수 있을 것이다. 사람들에게 도움이 되고 동기부여 되는 책 출간을 위해 내면의 목소리를 끄집어내는 연습을 해보자. 하고 싶은 말이 없는 사람은 세상에 없다. 책 쓰기는 그것을 끄집어내는 훌륭한 작업이다.

내 메시지와 내 일화로 다 채워라

책 쓰기를 처음 할 때 어떤 주제로 쓸 것인지 고민하게 된다. 하지만 너무 깊이 생각하지 말고 평상시 즐기는 가장 자신 있는 부분을 주제로 선택하면 좋을 것이다. 자신감을 가질 수 있는 부분이라면 평상시 즐기는 취미나 직장에서 하는 일들이 되겠다. 하루 24시간 중에서 가장 많은 시간과 에너지를 투자하는 일이 가장 잘 아는 일이라고 할 수 있다. 투자한 시간과 에너지만큼 자신도 인지하지 못한 사이에 노하우가 쌓여있을 것이다. 또한 주제 선정할 때 미래에 이 일만은 꼭 하고 싶다는 열망이 있다면 그것 또한 주제로 선정할 수 있다. 이 경우에는 책 쓰기로 그 분야의 공부를 하는 계기가 된다. 많이 읽고, 실천하고 그렇게 나의 실력을 쌓아가면서 책을 쓰게 된다. 하지만 인생 첫 책일 경우에는 될 수 있으면 현재 자신의 가장 잘 알고 있는 분야를 주제로 선택하는 것이 좀 더 쉽게 쓸 수 있다. 인생 첫 책이라면, 출간까지 무난히 가기 위해 익숙한 주제 선택이 필수라고 할 수 있겠다.

　주제를 정하고 목차를 만들었다면 그것을 1꼭지씩 써서 완성해가야 한다. 목차가 30개의 소주제를 가지면 30개 꼭지를 쓰는 것이고 목차가 40개의 소주제로 이루어졌다면 40꼭지를 쓰는 것이다. 목차는 자신이 하고 싶은 말, 주장, 메시지의 핵심을 문장으로 만든 것이고 1꼭지 글은 그것을 좀 더 세세하게 풀어서 적어주는 것으로 생각하면 이해가 쉽다. 짧게 한 문장으로 쓰는 목차보다 길게 A4 2장으로 늘려 써야 하는 1 꼭지 쓰기가 더 어렵다고 생각할 수 있겠지만 이것도 습관을 들이기 나름이다. 기본적 쓰는 방식을 알게 된다면 말하듯이 가볍게 A4 2장을 써 내려갈 수 있을 것이다. 1꼭지를 채우는 방식이 뒷부분에 자세히 나오지만, 여기에서는 아주 기본적이면서 중요한 1꼭지 쓰기의 방법에 대해 말하려고 한다. 내가 하고 싶은 말과 경험한 소소한 일상을 함께 버무려 쓰는 1꼭지, 다른 자료 필요 없이 오로지 나의 경험 이야기를 사례로 채워 써도 된다는 사실이다.

　나는 처음에 책을 쓸 때 어떻게 쓸지 막막했다. 글에서 나의 포지션이 어떻게 되는지도 몰랐다. 쓰는 방법은, 주로 자기 계발서를 쓴다고 했을 때 자신의 경험과 노하우를 알려준다는 생각으로 쓰면 된다. 그렇다면 조금은 강하게 표현해도 된다. 자기계발서의 목차를 보면 '~해라'라는 식의 표현이 주를 이룬다. 이것은 자신의 메시지를 강하게 강조하기 위함이다. 자기계발서가 동기부여나 어떤 새로운 행동의 유발을 위한 목적이 강하기 때문에 의외로 이런 식의 표현이 깔끔하고 읽는 사람의 마음도 편안해진다. 쓰는 사람도 이런 표현으로 쓰면 뭔가 책임감을 더 느낄 수 있다. 나의 말 한마디가 아주 소중하게 느껴진다. 자신의 핵심 주장인 목차, 즉 소제목을 지을 때는 '~해라'는 식으로 자신의 메시지를 만들면 된다. 목차를 만들 때는 너무 겸손해도 안 된다. 자신의 메시지, 목차를 만들 때는 임팩트 있고, 강하게 자신의 메시지를 쓰는 것이 동기부여도 잘되고 훨씬 매력적으로 느껴진다. 겸손은 1꼭지 쓸 때 다시 찾으면 된다. 오만하지 않고 예의 바르게 1꼭지 쓰면서 자신의 이야기를 공감할 수 있도록 풀어내면 된다.

목차를 만들고 나면 다음으로 꼭지 글쓰기가 시작된다. 꼭지 글을 쓸 때도 메시지와 그 메시지와 관련된 자신의 이야기에 자기의 사례를 넣게 된다. 1꼭지에도 자신의 소 메시지가 여러 개 들어가게 된다. 예를 들어, 이 책의 제1장의 첫 번째 꼭지는 '1-01 왜 그동안 나는 책을 쓰지 못했을까?'이다. 여기에서 본론 부분에 책 쓰기를 그 동안 내가 하지 못한 이유가 나온다.

첫째, 책 쓰기는 글을 잘 쓰는 사람이 쓰는 것이라고 생각했다.

둘째, 책 쓰기는 성공한 사람들만이 쓰는 것이라고 여겼다.

셋째, 책 쓰기 나와는 상관없는 일이라고 생각했다.

넷째, 책 쓰기 나도 할 수 있다는 생각 자체를 하지 않았다.

다섯째, 책 쓰기의 가치를 알려고도 하지 않았다.

이렇게 5가지로 그 이유를 썼는데, 이것도 나의 메시지이다. 꼭지 제목이 좀 더 핵심적인 나의 메시지라면 위의 5가지는 꼭지 제목인 핵심메시지와 관련된 작은 개념의 나의 메시지이다. 그 5개의 소 메시지에 사례들을 각각 넣어서 말하고 있다. 첫 번째인 '첫째, 책 쓰기는 글을 잘 쓰는 사람이 쓰는 것으로 생각했다.'에서 나의 이야기, 사례를 넣었다. 평상시 글이라고는 쓰지 않은 나도 책을 썼고 현재 개인 저서 7권을 썼다, 이런 나의 사례를 넣어서 글을 잘 쓰는 사람만이 책을 쓰는 것이 아니라는 것에 대한 근거 사례로 넣었다. 나의 메시지에 근거 사례로 나 자신의 이야기를 넣은 것이다. 이것처럼, 1꼭지를 쓰면서 나의 메시지에 나의 사례를 넣어 글을 완성한다.

인생 첫 책을 쓰는 사람일 경우 자신의 이야기를 사례로 쓰면 된다. 보통 기성 작가들은 자신의 이야기를 사례로 넣기도 하지만 남의 이야기나 공식적인 자료들을 근거 자료로 많이 넣는다. 남의 이야기나 자료들을 제시하면 좀 더 믿음이 가게 하는 효과가 있다. 그리고 다양한 자료가 들어가기 때문에 좀 더 호기심을 유발하고 더 재미있게 느껴진다. 단점이라면 자료 수집을 많이 해야 하고, 좀 더 시간이 오래 걸리며 조금 더 복잡하다는 것이다. 사례로 쓸 자료를 수집하는 자체가 첫 책을 쓰는 사람에게 익숙지 않다. 그래서 첫 책을 쓰는 사람이라면 자신의 경험을 사례로 활용해서 자신의 메시지를 어필하는 것이 좋은 것이다. 자신의 경험 자체도 충분히 가치 있고 독자의 호기심의 대상이 된다. 나의 경험은 나만이 가지고 있는 귀한 재산이다. 그 경험은 누구도 대신할 수 없는 나만의 고유 자산이다. 독자는 그런 특별한 경험과 노하우를 궁금해한다. 그래서 좀 더 쓰기도 수월하고 익숙한 자신의 경험과 노하우를 가지고 메시지와 함께 버무려 쓰면 읽히는 책이 된다고 할 수 있다.

자신의 이야기만으로 사례를 채워 써도 멋진 책이 될 수 있는 이유를 구체적으로 살펴보자면, 다음과 같다.

첫째, 자신이 경험한 일이기에 세세한 것까지 쓸 수 있다.

자신의 경험 이야기는 찾은 자료와는 다르다. 어디에서 찾은 자료일 경우, 그 자료 한도 내에서 이야기를 발췌하게 된다. 하지만 내가 경험한 것은 무한대로 어떤 식으로든 세세하게 적을 수 있다. 자신이 보고, 듣고, 만지고……, 오 감각을 통해서 느낀 부분을 적을 수 있다. 그렇기 때문에 더 세세한 부분까지 적을 수 있는 것이다. 세세한 기록이야말로 읽는 입장에서 직접 경험하는 듯한 느낌을 받으면서 읽을 수 있다.

둘째, 직접 경험한 것이기에 생생하게 쓴다.

오 감각을 통해서 받아들인 나의 경험은 감정을 실어서 적을 수 있다. 어떤 경험을 적으면서 그때의 감정까지 고스란히 끌어내서 현재 일어나고 있는 듯 적어준다. 생생한 감정이 들어간 글은 리얼 그 자체의 글이 된다.

셋째, 독창적이면서 감동적인 글이 된다.

자신의 경험은 오로지 자신만이 경험한 것이다. 그 어떤 자료도 비슷할 수는 있을지언정 똑같을 수는 없다. 자신이기에 할 수 있는 경험과 노하우는 감동을 만들어 낼 수 있다. 나만의 특별한 사례로 채워진 글이기에 달필이 아니어도 충분히 읽을 만한 가치가 있게 된다.

글이라는 것이 전문적인 지식이 있어야 쓸 수 있는 줄 알았다. 한 주제로 오랫동안 연구한 사람만이 쓸 수 있다고 생각했다. 하지만 지금은 아니다. 그런 사람이라면 당연히 쓸 수 있고, 그렇지 않은 사람도 당연히 쓰는 시대가 되었다. 오히려 전문적이고 오랜 연구의 리포트 같은 느낌의 책은 읽기 어렵고 뭔가 딱딱한 느낌이 들어서 잘 읽히지 않을 수 있다. 그냥 누워서 읽으면서 '아~ 이 사람은 이런 경험을 했구나.', 라고 가볍게 읽을 수 있는 책이 잔잔한 감동과 깨달음을 줄 수 있어 좋다. 그렇기 때문에 거창하고 대단한 삶이 아니라도 책은 쓴다. 소소한 자신의 일상을 사례로 해서 자신의 메시지와 노하우를 쓰자. 세상에서 단 하나뿐인 가장 독창적이고 귀한 당신의 삶, 자신의 살아온 경험을 사례로, 당신의 메시지를 입혀 귀한 책 한 권 쓰기, 지금부터 시작해보자.

제3장

A4 2장 쓰기, 몸에 익히는 방법

왜 A4 2장인가?

요즘, 심폐소생술 교육이 붐이다. 심정지 사건이 간헐적으로 발생하여 교육의 필요성이 사회적으로 대두되었기 때문이다. 건강했던 유명 야구 선수가 경기 중 갑자기 쓰러졌었다. 그 당시 영상을 보면, 응급처치란 개념 자체를 잘 몰라, 심폐소생술 없이 그냥 쓰러져 있는 선수를 물끄러미 쳐다보는 다른 선수들 모습이 담겨있다. 그 선수는 갑자기 심정지가 온 상태로 간단히 심폐소생술을 받았다면 오랫동안 식물인간으로 고생하지도, 세상을 떠나지도 않았을지도 모른다. 그런 사건들이 이어지면서 심폐소생술의 교육이 더욱 중요시되었다.

나는 학교에서 전문 업체를 섭외하여 심폐소생술 교육을 했다. 심 정지는 학교에서도 예외가 아니기 때문이다. 교직원은 물론 학생들까지 간혹 심정지 상태가 발생할 수 있다는 가능성을 열어두고 있어야 한다. 그래서 지금은 학교 교사들도 의무적으로 심폐소생술 교육을 정기적으로 받아야 한다. 나는 교육을 할 때 가장 중요하게 생각하는 부분이 실제 응급상황이 발생했을 때 자동으로 배운 행동이 나오도록 하는 것에 중점을 두었다. 당황한 상태가 되면 아무 생각이 안 나면서 평상시 하던 것도 잘 못 하는 경우가 있다. 예를 들어 집안에서 갑자기 가족 중 한 사람이 쓰러졌다면, 119에 신고를 하는 것이 가장 우선이다. 하지만 너무나 당황한 나머지, 119가 아닌 밖에 있는 다른 가족한테 전화한다. 그렇게 되면 전문 의료 요원이 도착하는 시간이 그만큼 지체되고 쓰러진 가족은 적절한 응급처치를 받는 시간이 지연되어 돌이킬 수 없는 상황이 발생할 수 있다. 그래서 그런 경우에는 우선 119에 신고하고 환자 확인 후 심폐소생술이 필요하다면, 배운 대로 지체 없이 심폐소생술을 실시해야 한다. 이것이 자동으로 되게 하기 위해, 심폐소생술 방법을 쉽게 가르쳐 반복해서 실습하게 한다. 반복해서 실습해보는 방법이 최고이다.

A4 2장 쓰기도 마찬가지이다. A4 2장 쓰기에서도 심폐소생술 기술을 익히듯이 반복적인 연습이 필요하다. 조금 긴 글이란 느낌이 있지만 반복적으로 쓰면서 몸에 익혀야 한다. A4 1장 쓰기나 A4 2장 쓰기나 숙달하면 별문제가 안 된다. 분량을 조금 더 쓰나 조금 덜 쓰나 습관을 들이고 숙달하기 나름이다. 쓰는 양이 좀 많은 듯한 A4 2장 쓰기도 연습하여 몸에 익히면, 익히는 대로 쓰게 된다.

이왕에 연습하는 것 A4 2장 쓰기를 연습하라고 강조한다. A4 2장 쓰기를 몸에 익히면 여러 가지 면으로 좋은 점이 있기 때문이다.

A4 2장 쓰기를 연습하는 이유는 A4 1장이 아니라 2장을 잘 쓰기 위해서이다. 앞에서도 잠깐 이야기했지만, 분량과 상관없이 우리는 연습한 대

로 쓰게 된다. 참 신기한 것은 A4 2장 쓰기가 익숙해지면 A4 1장 쓰기보다 A4 2장 쓰기가 더 쉬워진다는 것이다. A4 1장을 쓰려고 시작했지만 길게 A4 2장을 쓰게 되는 것이다. 글쓰기에서는 다소 긴 글이라도 연습한 분량대로 쓰기가 쉽다는 것, 얼핏 이해가 가지 않지만, 그것이 사실이란 점 기억하자.

A4 2장 쓰기를 연습한 사람이 A4 1장 쓰기보다 2장 쓰기를 더 쉽게 하는 이유는 아마도 머리 속의 세팅 때문이지 않을까?, 생각해본다. 두뇌는 많은 가능성을 가지고 있다. 우리의 위대한 두뇌는 좀 어렵더라도, 연습한 대로, 익히게 되어 있다. 컴퓨터처럼 입력한 대로 그대로 출력이 되는 것이다. 1장 쓰기를 익히면 1장 쓰기에 익숙해지고, 2장 쓰기를 익히면, 1장 쓰기보다 2장 쓰기를 더 잘하게 되는 것이다. A4 2장 쓰기를 연습해야 하는 또 다른 이유는 그것이 1꼭지 글의 분량이기 때문이다. 책 쓰기는 보통 여러 개의 꼭지 글이 모여서 1권의 책이 된다. 여러 개의 꼭지 글을 모아두면 시간이 지나면서 그것이 1권 분량이 되어 책이 된다는 의미이다. 1꼭지를 쓸 수 있으면 결국 책 1권을 쓸 수 있는 것이다. 1꼭지는 보통 A4 2장이나 혹은 2장 반을 써야 한다. 꼭지제목은 자신의 메시지로서 어떤 주제에 대한 자신의 핵심 생각을 꼭지 제목으로 만든다. 그리고 그것에 대해서 길게 풀어서 쓴 것이 1꼭지 글이 된다. 1꼭지는 서론-본론-결론으로 주로 쓰게 되는데, 이것을 A4 2장이나 2장 반 분량으로 보통 쓴다. 요렇게 쓸 수 있으면 1꼭지 글은 완성된다.

1꼭지를 채우는 서론-본론-결론은 각각 분량이 어느 정도 정해져 있다. 서론은 한쪽의 반 정도, 본론은 한쪽 정도, 결론은 한 쪽의 반 정로 채우면 1꼭지 글이 완성된다. 연습을 통해서 이 각각의 분량은 감으로 우리

몸에 자리 잡게 되는 것이다. 마라톤 선수가 어느 정도 시간이 지나면 자신 몸의 변화를 느끼고 그 변화에 맞추어 스스로 조절력을 키워 완주하듯이, 글쓰기에 서도 서론-본론-결론에 맞추어 A4 2장 쓰기에 대한 감을 몸에 장착하게 되는 것이다. 그런 느낌이 어느 정도 몸에 장착되면 이제는 몸이 알고 A4 2장을 그 형식에 맞추어 채우게 된다.

A4 2장 쓰기에 익숙해질수록 책 쓰기는 쉬워진다. 책 쓰기를 하겠다는 생각이 있다면 A4 2장 쓰기에 자신의 몸을 숙달시켜야 한다. 글쓰기에 대해 경험이 없거나 적다고 해서 작은 분량으로 글쓰기를 연습하면 A4 2장 쓰기가 잘 안될 수 있다. 처음부터 A4 2장 쓰기에 도전하고 연습해야 한다. 처음의 고비만 잘 넘기면, 금방 적응할 수 있을 것이다. 처음부터 A4 2장 쓰기로 연습한다면 중간에 변화를 주는 것보다는 수월하게 A4 2장 쓰기에 숙달할 수 있게 된다.

처음부터 A4 2장 쓰기가 부담된다면 서론-본론-결론을 따로 떼어서 생각해라. 각각 따로 떼어서 생각해도 된다. 서론에는 자신이 이 꼭지 글 전체에서 이런 메시지를 쓰겠다는 내용을 담는 곳으로 간단한 일화와 자신의 메시지를 담는다. 본론에서는 주로 자신이 하고 싶은 이야기를 사례를 들어서 쓰게 된다. 이때 사례는 보통 2개 정도 넣는다. 2개의 사례를 사용할 때 자신의 경험과 일화로 다 채워도 좋고, 아니면 남의 사례를 1개 정도 가져와서 쓰기도 한다. 중요한 것은 자신의 사례는 꼭 넣는 것이 쓰기도 쉽고 훨씬 공감력 있는 글이 된다는 것이다. 서론에 간단한 일화가 하나, 본론에 사례가 두 개 정도 들어가기 때문에 근본적인 것은 연결해야 한다는 전제는 있지만 각 파트를 떼어서 써도 크게 무리가 되지 않는다.

결론은 사례를 넣기보다는 마지막 문단으로 임팩트 있게 다시 메시지를 강조하는 부분으로 제목과 결론이 연결되도록 하면서 글을 마무리하면 된다.

A4 2장 쓰기, 처음 들으면 너무 부담된다. 왜 하필, A4 2장이나 써야 하는가? A4 1장부터 하면 안 되는가? 이런 의문이 자연스럽게 생긴다. 하지만 A4 2장 쓰기를 처음부터 연습하는 것이 중간에 1장 쓰기에서 2장 쓰기로 분량을 늘리는 것보다 쉽다. 책 쓰기가 A4 2장 쓰기를 기본으로 하고 있기 때문에 처음부터 A4 2장 쓰기를 연습하고 익히는 것이 여러모로 도움이 된다. 처음에는 A4 1장 쓰기나, 2장 쓰기나 처음에 어렵게 느껴지는 것은 마찬가지이다. 연습한 대로 A4 2장 쓰기도 1장 쓰는 것처럼 곧 적응이 된다. A4 2장 쓰기, 방법을 익히자. 그 방법대로 쓴다면 빠르게 숙달될 것이다. 책 쓰기도 도전할 수 있다. 글쓰기가 아닌 책 쓰기에서 A4 2장 쓰기는 자신의 경험과 자신의 메시지를 잘 버무려 배운 방법대로 연습한다면 생각보다 빠르게 A4 2장을 채워나갈 수 있을 것이다. 처음부터 과감하게 A4 2장 쓰기 연습 시작하고 몸에 숙달해서 책 쓰기 도전해보시길 응원한다.

필사해라

둘째 아이는 일어나자마자 퍼즐을 맞춘다. 300개가 넘는 퍼즐, 거실 바닥에 펼쳐놓고 맞춘 지 한 달이 지났다. 피스 양이 많은 관계로 금방 맞출 수가 없다. 그래서 나는 일단 거실 바닥 한 공간을 퍼즐 밑그림을 깔고, 오가며 맞추자고 이야기했다. 오며가며 맞춘다고는 했지만, 생각처럼 잘 안된다. 밑그림에는 먼지가 뽀얗게 묻어 있다. 이제, 더는 방치할 수 없는 상황, 아이 둘과 함께 빨리 맞추자고 이야기했다.

다음 날, 새벽 1시가 될 때까지 둘째 아이와 함께 퍼즐을 맞추었다. 하다 보니, 이것도 요령이 있다. 퍼즐 맞출 때, 우선 테두리부터 맞춘다. 조각 모양에 단면이 있는 것은 대부분 테두리 조각이다. 그러려면 가장 먼저 해야 할 것이 퍼즐 조각을 분류한다. 모양이 같거나, 색깔이 같은 것끼리 다른 작은 박스에 분류하는 것이다. 모양과 색깔이 기준이 되는 것이다. 분류는 진작 해두었기에, 작은 아이와 나는 맞출 곳을 나누어서 시작했다.

카카오 캐릭터가 자전거 타고 가는 그림인데, 8절지보다 더 큰 그림이다. 나는 땅, 정아는 하늘, 딱 10조각만 맞추고 자자고 이야기했다. 하다 보니, 10조각을 넘겼다. 오히려 정아는 맞추는 속도가 빠르다. 처음 아이들에게 퍼즐 맞추는 방법을 가르친 것은 나다. 지금처럼, 모양과 색깔을 기준으로 피스를 분류하고, 가장 자리 조각을 맞춘 다음에 색깔이 섞여 있는 조각부터 맞추어 나가라고 알려주었다. 그렇게 따라서 하더니, 지금은 나보다 더 빠르게 맞추어간다. 내가 25조각을 맞추는 사이, 10살 둘째는 50 피스를 넘게 맞추었다. 처음에는 그저 따라서 하더니, 이제는 나를 앞서고 있다.

글쓰기도 처음에는 따라서 하는 것이 필요하다. 따라서 쓰다 보면, 점점 나의 메시지를 담아 쓰게 된다. 이때의 따라서 쓰는 것이 바로 필사인데, 필사의 효과는 과히 놀라울 정도이고, 이 필사로 A4 2장 쓰기 몸에 익히면 된다.

첫 책을 썼던 당시, 나의 메시지를 글로 쓴다는 자체가 어려웠다. 오랫동안 직장생활을 하면서 내가 하고 싶은 말을 하기보다, 들어주는 입장이었다. 사람들의 이야기를 듣고, 개인의 감정보다 직장의 이익을 생각하면서 살아온 시간이 그동안은 좋았다. 하지만 이런 삶의 패턴이 한계에 다다르게 되었다. 점점, 나의 할 말은 없어지고, 옛날에는 마음으로는 있지만, 겉으로는 표현을 안 했다고 했다면, 직장생활 30년 가까이 하다 보니, 이제는 마음속으로도 그런 할 말이 사라진 듯하다. 그것이 편하기 때문에 편한 대로 나는 변모가 된 것이다. 글이란 자신의 메시지가 있어야 한다. 메시지를 먼저 찾고 그에 맞는 사례를 정해 함께 쓰는 것이 A4 2장 쓰는 방법이다. 그런데, 메시지가 없으니, 글을 쓸 수가 없는 것이다. 메시지가 없다는 것은 속에 있는 그것을 끄집어내지를 못한다는 것이다. 여러 번 쓰려고 시도를 하였지만, 쉽지 않았다. 그래서 생각한 것이, 남의 글을 필사하는 것이었다.

남의 책을 쓰다 보면, 자신의 메시지도 찾게 된다. 쓰기 시작해야, 자신의 메시지도 찾을 수 있다고 막연히 생각했다. 막연한 그 생각이 맞았다. 명확한 답을 몰랐지만, 잠재의식은 A4 2장을 쓰는 방법을 나에게 알려 준 것이다. 돌이켜보니, 그렇다. 그래서 필사를 하기 시작했다. 필사 2개월 정도 하면서 나의 글쓰기가 많이 변화되었다. 필사를 통해서 나의 깊은 내면의 메시지를 찾게 되어 끄집어내게 되었고 메시지를 주장할 사례를 찾아 인생 첫 책을 완성하게 되었다.

인생 첫 책을 쓰는 사람이 특히, 필사 해야 하는 이유는 다음과 같다.

첫째, 자신의 메시지를 찾게 된다.

인생 첫 책을 쓰는 사람은 그동안 긴 글을 거의 쓰지 않은 사람들이 대부분이다. 하지만 요즘은 성공하지 않아도, 전문가가 아니어도 책을 쓰는 추세이기에 도전할 만하다. 나 또한 아주 평범한 사람으로서 책을 썼다. A4 2장을 쓰면서 가장 힘든 부분이 내가 하고 싶은 말이 무엇인지 잘 모른다는 것이다. 그래서 하고 싶은 말을 찾는 것이 급선무인데, 필사하면서 이것을 찾게 된다. 나도 이렇게 쓰면 되겠구나, 내가 하고 싶은 말은 이거야, 라는 생각들을 하게 된다. 그래서 자신의 글을 쓰기 위한 전 과정으로 필사를 해야 한다.

둘째, 매일 씀으로써 쓰는 것에 대해 점점 익숙해진다.

안 하던 것을 하기는 어색하고, 이 어색함을 극복하지 못하면, 안 하게 된다. 내 글은 아니지만, 필사를 함으로써 어색함이 점점 줄어든다. 어색함이 줄어든다면, 일상처럼, 글 쓰는 것도 친숙해지고 남의 일이 아닌, 나의 일처럼 느껴진다.

셋째, A4 2장 쓰는 방법을 스스로 느낄 수 있다.

책은 1꼭지, 1꼭지가 모여 40꼭지 전후가 되어 한 권 책의 분량이 채워진다. A4 2장을 쓰면 1꼭지를 쓰는 것과 같다. 그래서 모든 자기계발서 같은 경우, A4 2장씩 40개의 항목이 모여서 된 것으로 매일 1꼭지씩 쓰다 보면, 어떻게 쓰는지, 그 방법에 대해서 알게 된다. 책 쓰기 책으로 이론을 인지하고 필사를 통해서 실습한다면, 그 방법은 더욱더 익숙해지게 된다.

넷째, A4 2장 쓰는 감을 잡는다

책 쓰기 방법을 알아도, 잘 쓰지 못하는 경우가 있다. 하지만 필사를 매일 하다 보면, 쓰는 감이 생긴다. 필사는 몸으로 글쓰기를 익히는 것이기에, 실제 쓰는 감이 생기게 되는 것이다.

이렇게 필사를 통해서 A4 2장 쓰기를 몸에 익힐 수 있다. 쓰지 않고 글을 쓸 방법은 없다. 아무리 완벽에 가깝게 이론으로 무장하더라도 몸에 익히는 과정이 필요하다. 운동을 배우듯이, 몸으로 익혀야 할 것이 이 글쓰기이다. 특히 A4 2장 쓰기를 익힌다면, 언제든 책 쓰기를 할 수 있다. 책 쓰기는 A4 2장 쓰기, 즉, 1꼭지 쓰기에서부터 시작이기 때문이다.

필사하는 방법은 자판으로 치는 것이다. 필사라고 하면, 손글씨를 연상하는데, 손글씨는 너무 힘이 든다. 그래서는 손으로 쓰는 필사는 A4 2장을 매일 쓰기 어렵다. 쉬워야 매일 할 수 있고, 매일 해야 A4 2장 쓰기가 몸에 익는다. 그래서 나는 무조건, 손으로 쓰는 필사가 아닌 자판으로 치는 필사를 하라고 이야기한다. 우리가 책을 쓸 때도 자판으로 쓴다. 필사도 책 쓰듯이 그렇게 자판으로 두드리면 되는 것이다. 손글씨로 필사하고, 정작 본 게임인 우리의 책 쓰기에서는 자판으로 하면, 필사한 효과가 나타나지 않을지 모른다. 그래서 자판으로 편하게 필사하고 A4 2장 쓰기 감 잡고, 책 쓰기도 자연스럽게 쓰면 좋을 것 같다.

A4 2장 쓰기를 익히는 최고의 방법이 필사이다. 필사에 대해 부정적인 생각을 하지 말고 책 하나 잡고 필사를 해보자. 베껴 쓴다고, 가치 없는 것이 아니다. 위대한 창조물은 모방에서부터 시작된다. 유명한 예술인들은 물론 작가들도 모방을 거쳐 자신만의 노하우를 터득하고 새로운 창조물을 탄생시킨다. 모방만큼 쉽고, 꾸준히 실력을 향상하는 방법도 없다. 처음부터 떡하니 멋진 작품을 내는 사람은 이 세상에 단 한 명도 없다. 타고난 천재라도 그렇게는 못 한다. A4 2장 쓰기도 마찬가지, 필사라는 모방을 통해 몸에 쓰기를 제대로 익힐 수 있다. 내 글이 아니더라도 매일 쉽게 글을 쓰는 것인 필사는 일취월장 발전을 나에게 선사할 것이다.

A4 2장, 잘 쓰려 하지 마라

작은 아이는 학교를 옮기고 싶어 한다. 현재 필리핀 세부에서 세부 살이를 하는 우리는 1년 이상을 이곳에서 살았다. 학교 바로 옆에 빌리지에 살았기 때문에 아침 등교를 위한 교통 전쟁도 없이 잘 다녔다. 하지만 작은 아이는 여자아이라서 그런지 유독 한국 아이와의 관계에서 마음의 상처를 받았다. 여러 명도 아니고 딱 한 명의 한국 아이인데도, 집에 와서 항상 그 아이 이야기를 하고, 그 아이로 인해 자존심이 몹시 상했던 이야기를 한다. 그러다가도 또 잘 지내는 듯 보이기도 한다. 점심시간에 가보면 같이 나와서 점심도 같이 먹고, 학교 끝나면 학교 바로 옆인 우리 집에 같이 와서 새끼 고양이와 놀기도 하고 한다. 외면상 특별한 부분이 보이지 않았다. 나조차도 작은 아이의 진심이 무엇인지 모르겠다고 생각했다. 하지만 결국에는, 그 진심이 무엇인지 알게 되었다. 작은아이가 표면적으로 잘 지내는 것처럼 보였지만 진짜 마음은 그 아이와 떨어져 있고 싶어 한다는 것을 인식하게 되었다. 그것은 그 아이가 학교에 오지 않는 날이나, 미리 오지 않겠다고 이야기한 날은 작은아이의 기분이 업 되는 것이다. 기분이 아주 좋아진다.

"엄마, OO가 학교 안 와서 너무 좋아."

이 말에 진심이 있었다. 그래, 그랬었구나, 그 아이는 세부에 온 지 좀 되어서 영어도 잘하고 필리핀 아이들도 있고 해서 자신의 힘이 길러진 상태이다. 정아는 영어도 지금 배우는 단계이고, 필리핀 친구들과 아직 친구관계 형성이 되기 전이라 그 한국 아이하고만 놀아야 하는 상황이었다. 그 한국아이는 그런 정아의 상황을 너무나 잘 안다. 정아도 자신이 불리한 상황이라는 것을 알고 어쩔 수 없이 그 친구에게 양보하고 하고 싶은 말도 참으면서 지내는 부분이 있는 듯했다. 그리고 집에 와서는 어린 마음에 속상해서 울었다. 이런 정아의 진심을 알고 학교를 옮겨주어야겠다고 나는 결정하게 되었다.

아이에게 정말 좋은 학교가 어떤 학교일까? 고민해보았다. 작은 아이가 즐겁게 다닐 수 있는 학교를 생각하고 있다. 여자아이이기 때문에 친구들과 잘 놀 수 있는 곳, 자신의 모습 그대로를 받아들여 줄 수 있는 환경, 그런 학교를 찾고 있다. 아이의 학교생활에서 가장 중요한 것은 공부 보다, 마음 편안하게 친구들과 어울리고 학교가 싫지 않으면 된다. 학교생활 자체가 힘들지 않고, 그냥 평범한 곳이면 되겠다. 그래서 가장 중요한 부분 그것이 가능한 학교를 찾기로 생각하고 사립학교를 알아보았다.

글쓰기에서도 비슷한 부분이 있다. 학교란 마음 편히 잘 다니고 학교 자체가 싫지 않으면 되는 것처럼 글쓰기에서도 쓰기가 싫을 정도가 되지 않으면 된다. 글쓰기에서 중요하게 생각해야 할 부분은 쓰는 자체가 힘든 일이 되면 안 되겠다는 것이다. 잘 쓰려고 하면 할수록 그것은 고통의 시간, 피하고 싶은 시간이 된다. 그렇게 해서는 A4 2장 쓰기가 몸에 익숙해지기 힘들다. 힘을 빼야 한다. 생각에서부터 잘 쓰려 하지 말고, 그냥 매일 쓰다 보면, 그것은 어느 순간 몸에 익어 거부반응 없이 쓰게 된다.

글쓰기에 있어서 잘 쓰려는 마음이 글쓰기를 오히려 못하게 한다. 책 쓰기에서도 마찬가지이다.

내가 아는 사람 중에 매우 꼼꼼한 사람이 한 명 있다. 너무나 꼼꼼하게 높은 잣대로 자신의 글을 평가한다. 그 사람은 내가 인생 첫 책을 쓸 때 나와 함께 책 쓰기를 한 사람이었다. 아주 친한 관계는 아니지만 그래도 같은 꿈을 갖은 사람으로서 서로 마음으로 격려하는 사람이었다. 그 사람은 1꼭지 글을 기성 작가에게 평가받았을 때 아주 잘 쓴다는 피드백을 받았다. 기성 작가는 말했다.

"아주 좋아요. 이대로 쓰면 아주 좋은 책이 되겠어요."

하지만 그 사람은 책을 완성하지 못했다. 왜냐하면 더 잘 쓰기 위해 계속 뒤를 돌아보고 수정을 하는 바람에 다음 꼭지를 넘어가지를 못했다. 1꼭지 글을 쓸 때도 마찬가지로 서론 쓰고 고민하고 본론 쓰고 또 생각하고 그렇게 결론 쓰기도 전에 진을 다 빼고 결론은 다른 날로 미루게 된다. 1꼭지 쓰기에도 시간이 너무나 많이 걸린다. 좀 더 완벽히 하기 위해, 더 자신의 마음에 들게 하기 위해 고치고 다듬고 하는 작업을 했다. 경험상 봤을 때, 1꼭지 쓸 때는 그냥 써내려 나가야 한다. 처음 쓴 그대로 두고 고치는 것은 퇴고하는 시간에 해야 한다. 하지만 그 사람은 성격상, 고쳐야 할 부분을 뒤로 미루어 두지를 못하는 것이다. 그러니, 1꼭지 쓰고 고치는 과정을 동시에 하게 되는 것이다.

1꼭지를 쓰면서 퇴고도 같이하게 되면 내가 쓰려는 전체 흐름이 흔들릴 수 있다. 빠르게 써 내려 가면 나의 콘셉트를 잘 살려서 글을 쓸 수가 있다. 나의 콘셉트는 책 쓰기에서 일관되게 흐르게 되는 중심이라고 할 수 있다. 그런데, 초고를 완전히 다 쓰기도 전에 고치기를 하다 보면 중심이 흔들릴 수 있는 것이다. 그래서 고치는 작업은 뒤로 미루는 것이 좋다. 초고를 다 쓰고 난 뒤, 전체적으로 혹은 세세한 부분까지 고치는 순서로 하는 것이 여러모로 좋다. 초고를 빠르게 쓸 수 있어서 좋고, 빠르게 쓰니, 중도에 포기할 가능성도 준다. 잘 쓰려는 욕심을 내려놓아야 함이 여기에 있다. 더 잘 쓰려는 마음 자체가 자칫 초고완성을 방해하는 요소가 되는 것이다. 비록, 좀 매끄럽지 않고 부족한 책이라도 자신의 경험과 노하우 지식을 나누어 주는 것이 세상에 훨씬 이로운 것이다.

잘 쓰려는 마음을 가질수록 더 잘 써지지 않는다. 이것이 사람의 본성인 것 같다. 어떤 책에는 잘 하려는 마음 자체가 그것을 자꾸 생각하게 해서 오히려 역효과가 난다고 했다. 예를 들어 다이어트를 할 때, 나는 적게 먹는다. 라고 생각하면 안 된다, 라고 한다. 적게 먹는다는 생각 자체가 먹는 것에 집중하게 한다는 것이다. 아예 그런 생각을 하지 말고 차라리 긍정적인 표현으로 자신에게 각인시키는 것이 좋다는 것이다. 예를 들어, 44 치수를 입은 자신의 모습을 그려보고 그것을 머릿속에 넣는 것이다. 그러면 그것이 달성되었듯이 나의 잠재의식을 생각하게 되고, 그 잠재의식대로 44치수를 입은 나의 모습이 현실이 될 수 있는 것이다. 책 쓰기를 할 때도 잘 쓰려는 마음 대신에 나의 경험과 노하우가 담긴 출간한 나의 책에 사인하고 그것을 줄 서 있는 사람에게 건네는 상상을 해보자. 아마도 훨씬 글이 잘 써질 것이다.

　A4 2장 쓰기 몸에 체화하는데도, 잘 쓰려는 마음 자체는 큰 방해요소가 된다. 왜냐하면 그런 마음 자체가 A4 2장 쓰는 행동에 제동을 걸기 때문이다, 잘하려는 마음 자체는 어느 정도 단계를 넘어섰을 때 필요한 것이다. 지금은 A4 2장 쓰기 시작하고, 그것을 조금씩 나의 것으로 만들어 가는 단계이다. 걸음마로 비유하자면, 이제 아기처럼 글쓰기 걸음마를 시작하려는 단계인 것이다. 이것을 잊으면 안 된다. 걷지도 않고 뛰는 것이 불가능하듯이, 일단 쓰는 것이 익숙하기 전에 잘 쓰는 것은 불가능한 것이다. 먼저, 쓰는 것을 자주 하고 그것을 습관화해서 나의 몸에 체화되도록 하는 것이다. 잘 쓰려는 마음은 좀 더 뒤에 가져도 된다. 최소 내 인생 첫 책을 쓰고 나서부터 그런 마음으로 욕심을 내보자.

　글쓰기 타고 난 사람이 아니라면 시간이 필요하다. 꾸준히 매일같이 써는 시간이 필요하다. A4 2장 쓰기가 나의 생활에 장착될 때까지 욕심을 내려놓아야 한다. 사람은 무엇이든지 잘하려는 마음이 있다. 행동 자체도 대단하고 참으로 중요한 것임이 틀림없는데, 그것 자체의 중요함을 가끔 망각한다. A4 2장 쓰기는 시간이 걸릴 수 있다. 그냥 쓰는 그 자체가 대단히 중요하다고 할 수 있다. 혼자서 쓰는 A4 2장 쓰기, 처음에 2박 3일, 혹여 1주일 이상 걸리더라도 첫 A4 2장 쓰기를 완성해야 한다. 그렇게 한 번 쓰게 되면 그다음부터는 잘 쓰려는 생각보다 매일 꾸준하게 쓰는 것이 내 몸에 체화시키는데 가장 좋은 방법이라 할 수 있다. 잘 쓰려는 욕심 때문에 A4 2장 쓰기를 하지 않는다면 얻는 것보다 잃는 것이 훨씬 크다는 것 기억하자. 지금부터 못 써도 되니까, 못 쓴다고 누가 뭐라는 사람, 또한 아무도 없으니까, 매일 A4 2장 쓰기 도전하시길 바란다.

A4 2장, 매일 채우는 데 의미를 두어라

　나는 아이들에게 집 공부를 시키고 있다. 세부에서 세부 살이를 하는 우리는 일단 영어를 빠르게 듣고 말할 수 있는 것이 필요하다. 특히 아이들은 학교에서 영어로 수업을 하는 관계로 더욱더 그러하다. 그래서 아이들이 집에서 영어책을 읽고 필사하도록 집 공부를 주었다. 그리고 아이들이 아직 한글을 완전히 뗀 상태가 아니기 때문에 한글책도 영어책과 똑같이 읽고 필사하게 한다. 그리고 마지막 산수. 한국교재를 사 와서 매일 1장이나 2장씩 풀게 한다. 종류는 3가지이지만 하는 양은 각자 재량껏 해도 된다. 집 공부는 튜터 하는 날을 제외하고 주로 주말에 하게 했다. 튜터가 일이 있어, 수업을 못 하는 평일에도 하게 했다.

　아이들은 집 공부하는 것을 싫어한다. 아직 습관이 되지 않았다. 학교 공부하고 왔는데 집 공부까지 해야 하니 아이 입장에서 싫은 것이다. 하지만 꼭 해야 할 공부이니, 어쩔 수가 없다. 공부도 때가 있다. 영어는 듣고 이해하고 뜨문뜨문 이라도 말할 줄 알아야 수업을 따라간다. 한글도 이 시기에 하지 않으면 한국 돌아가서 힘들어진다. 산수 또한 마찬가지이다. 그래서 최소한 영어, 한글, 산수는 해야 하는 것이다. 아이들에게 이야기해 주면 이해는 잘 한다. 하지만 몸이 잘 따르지 않는 것이 문제이다. 그래서 어떻게든 안 하려고 꾀를 낸다. 엄마인 난, 그것이 눈에 훤히 보인다.

아이들이 정말 하기 싫은 날은 공부량을 줄여준다. 단, 양을 줄이는 대신, 3가지 공부는 빠짐없이 하라고 이야기한다. 아이들이 공부하고 나면 나는 사인을 해준다. 양은 아이들 재량껏 하는 대신에 내가 사인을 하면서 공부한 양을 체크한다. 어떨 때는 영어 한 문장 필사, 한글 한 문장 필사한 경우도 있다. 그럴 때는 좀 더 하라고 이야기한다. 하지만 아이들이 많이 피곤한 날은 공부의 양을 대폭 줄이기도 한다. 한 줄이라도 읽고 쓰는 것으로 오케이 하는 것이다. 이렇게 하더라도 국어, 영어, 수학, 3과목은 반드시 할 것을 강조한다.

아이들이 하는 공부는 양보다는 매일 하는 것이 중요하다. 양이 적더라도 알아야 할 부분을 매일 함으로 인해 그것에 익숙해지면서 친숙해진다. 그런 측면에서 양을 아주 적게 하더라도 꼭 필요한 공부과목을 빠지지 않고 매일 하는 것에 큰 의미를 둔다. 아이들도 그렇게 하면 습관형성이 되면서 고르게 실력도 향상될 것이다.

A4 2장 쓰기도 같은 논리를 적용하면 체화가 쉽게 된다. 초등학생인 아이들이 꼭 해야 할 공부영역을 매일 눈도장이라도 찍게 했듯이, A4 2장 쓰기를 제대로 못 쓴다 하더라도 매일 채우기만 하더라도 A4 2장 쓰기에 대한 감을 잡을 수 있다. 감을 잡으면 상황 해제, A4 2장 쓰기도 좀 더 만만하

고 수월해진다.

　운동을 습관으로 만들려면 집을 나가는 것을 목표로 삼아야 한다. 새해 새로운 각오를 하는 사람들이 많다. 운동, 영어, 독서가 가장 대표적인 것들인데, 이 중 운동을 습관으로 만드는 방법을 생각해보겠다. 운동을 습관으로 하려면 일단 집을 나서야 한다. 그래서 집 문밖을 나가는 것을 첫 목표로 삼아야 한다. 나는 새벽 기상을 목표로 새벽 수영을 등록했었다. 새벽 날도 밝지 않은 어둑어둑한 시간에 일어나서 집 밖을 나가려고 하면 정말 싫었다. 추운 겨울에는 더욱더 그러하다. 그래서 생각한 것이 운동하는 것은 차후의 문제로 여기고, 새벽 집 밖을 나가서 수영장에까지 가는 것만을 첫 목표로 세웠다. 그럼 운동한 것과 같다고 여겨 스스로점수를 주자, 라고 생각을 했다. 사실 나는 알고 있었다. 특히 새벽 운동은 집 밖을 나갈 수만 있다면 할 수 있다는 것을 느낌으로 경험으로 나는 이미 깨닫고 있었다. 수영장까지 가면 자연스럽게 옷을 갈아입고 샤워를 하고 수영장으로 들어간다는 것을 안다.

　새벽 수영을 하듯이 A4 2장 쓰기도 마찬가지다. 일단 채우기만 한다면 점점 논리적인 글, 감동적인 글, 자신이 마음에 드는 글을 쓸 수 있게 된다. A4 2장을 채우는 것이 항상 문제지만 그것도 마음을 조금 내려놓고, 처음이니까 간단한 기술 몇 가지에만 집중하면서 채워나가자, 라는 생각으로 바꾸면 좋을 것이다. 그렇게 매일 채우다 보면, 분명 쓰기도 편안해지면서 A4 2장 쓰기에 재미를 느끼게 될 것이다.

　자, 그렇다면 A4 2장을 어떻게 채울 것인가? 세세한 부분도 많이 있지만 처음 쓸 때는 그런 것 다 생략하고 몇 가지 원칙만 꽉 붙들고 채워나가자. 세세한 부분은 좀 더 익숙해지면 자신에게 적용하면 된다. 처음부터 구체적인 것을 챙기려고 하면 스스로 번 아웃될 수 있다. 번 아웃이란, 스스로 지쳐 포기한다는 의미이다. 그러니, 처음이다, 라는 점을 생각하고 부드럽게 시작하고, 꼭 필요한 몇 가지만 챙기면서 여유롭게 도전해보자.

A4 2장 채우는 가장 기본적인 방법은 크게 4가지이다.

첫째는 A4 2장을 하나로 생각하지 말고 서론-본론-결론을 나누어서 생각하라는 것이다.

A4 2장을 하나의 이야기로 다 적는다고 생각하면 막막해진다. 작은 이야기를 여러 개 연결한다고 생각하자. 작은 이야기인데, 서론 이야기, 본론 이야기 따로 있다고 생각하자. 최소 3가지 이야기를 연결해서 A4 2장을 채운다고 생각하는 것이다.

둘째는 서론에는 나의 소소하고 아기자기한 경험 하나와 그것의 의미, 2문단으로 쓴다.

인생 첫 책일 때는 복잡하게 생각하지 말고 나의 경험을 사례로 가져온다고 생각하자. 서론에는 소소한 나의 경험을 사용한다. 꼭지 제목의 키워드와 관련된 나의 경험을 찾아서 적어주고 그 글에서 내가 말하려고 하는 메시지를 한 문단으로 적어준다. 그렇게 2개의 문단으로 서론을 쓰자. 이것이 익숙해지면 다양한 패턴으로 서론을 쓸 수 있다.

셋째는 본론에 나의 경험 중 나만의 특별한 경험 2개 찾아서 넣고 각각 의미를 친절하게 설명해준다. 본론에서도 나의 경험 이야기를 찾아 가져와 그것을 근거로 나의 메시지를 적어준다. 제목의 키워드 중에서 좀 더 강한 감동이나 특별한 경험 이야기를 가져오면 좋다. 사례를 적고, 바로 다음 문단에 그 사례의 의미, 가치를 적어준다. 이것이 바로 나의 메시지이다. 그래서 쉽게 표현하자면, 사례 문단-사례의 의미, 즉 나의 메시지 문단이라고 표현할 수 있겠다. 단, 구상할 때는 반대이다. 말하고 싶은 메시지를 먼저 정하고 사례를 찾는다.

넷째는 결론은 제목과 결론을 연결하면서 글을 마무리한다.

마지막은 결론 부분이다. 결론은 최종적으로 내가 강조하고 싶은 메시지를 길게 적어주면 된다. 12줄이나 14줄 이내로 한 문단으로 적어주면 된다.

이렇게 간단하게 A4 2장을 채우는 방법에 관해서 설명해보았다. A4 2장 쓰기 거창하게 생각하지 마라. 워드 파일에서 2장이면 정말 어떻게 써야 할지 모른다. 하지만 냉장고에 코끼리를 넣는 방법처럼, A4 2장을 채우면 된다. 냉장고에 코끼리를 넣는 방법은 냉장고 문을 연다. 그리고 코끼리 다리부터 하나하나 넣는다는 우스갯소리가 있다. 모든 것은 하나하나 완성하면 된다는 의미의 뼈있는 유머 이야기이다. A4 2장 채우기도 3부분으로 나누어서 하나하나 넣어 채운다고 생각하자. 서론을 채우고, 본론을 채우며, 결론까지 채우면 A4 2장은 어느새 채워진다. 서론, 본론, 결론 쓰기는 4장에서 다시 자세히 언급하겠다. 다만 가장 기본적인 것으로 이야기할 수 있는 것은 메시지를 정하고 나의 과거, 현재의 경험을 사례로 다채워도 된다는 것이다. 즉, 쓸 때는 나의 경험 이야기를 쓰고 그것에 대한 의미를 내가 하고 싶은 메시지와 연결해서 적어주면 된다. A4 2장 쓰기, 체화될 때까지 매일 채워나가자.

A4 2장 쓰기, 가장 큰 걸림돌 하나를 찾아라

어떤 목표이든지, 그것을 이루는 과정에서 극복해야 할 걸림돌이 있게 마련이다. 그 요인을 제대로 인지하고 그것을 제거한다면 훨씬 빨리 원하는 목표를 달성할 수 있다. 자신과 목표 사이에 놓여 있는 여러 걸림돌은 크게 2가지로 나누어 생각해 볼 수 있다. 정신적인 부분과 물질적인 부분이다. 두 부분으로 나누어서 인지한다면 목표달성에 도움이 될 것이다.

A4 2장 쓰기에서도 마찬가지 장애 요인을 파악하는 것이 필요하다. 나만의 걸림돌을 파악하고 인지하는 것만으로도 A4 2장 쓰기를 몸에 익히는데 수월하게 될 것이다. 글쓰기를 평상시 자주 해보지 않았다면 더욱 그 걸림돌 파악하는 것이 우선이 되겠다.

아이들은 저녁 샤워할 때마다 전쟁이다. 필리핀 세부에 있으면서 저녁에 꼭 해야 할 일 중의 하나가 샤워를 하는 것이다. 왜냐하면 더운 나라이기에 땀을 많이 흘리기 때문이다. 만약 샤워하지 않으면 모기와 벌레들의 공격을 받는다. 그래서 이차적으로 건강상 문제가 발생할 수 있다. 또한 샤워하지 않고 잔다면 개운하지 않은 상태에서 수면에 드는 것이니까 그것 또한 좋지 않다. 그래서 나는 샤워는 꼭 해야 한다고 아이들에게 말한다. 그런데 샤워할 때마다 하기 싫은 마음에 아이들은 서로 먼저 하라고 말한다. TV를 보면서 지금, 이 순간 샤워를 할 수 없다는 듯이 서로 먼저 하라고 언성을 높인다. 그러다가 결국 샤워도 하지 않고 자는 날이 생긴다. 샤워보다 TV가 더 중요한 아이들은 샤워 생략, TV 시청 고수의 상황을 만든다.

그래서 TV 시청하기 전, 샤워하기, 라고 규정을 정해주었다. 튜터 영어 수업이 끝나면 오후 8시 가까이 된다. 튜터가 끝나면 바로 샤워를 하고 TV 시청을 하라고 이야기했다. 튜터 끝나고 바로 TV를 보려고 한 아이들은 조금은 불만이겠지만, 조금 참고 그렇게 하니, 싸울 일이 없다. 샤워를 빠트리는 경우도 없어지고, 서로 불쾌해질 이유도 없어서 서로 좋았다. 좋은 아이디어였다.

아이들 싸움의 원인은 지혜로운 생활 규칙의 부재였었다. 처음에는 TV를 아예 없애버릴까 하는 생각도 했다. 둘이서 서로 싸우는 모습이 보기 좋지 않았고 나도 감정적으로 격해 있은 상태에서 그 방법이 최고라 생각했다. 하지만 외국에 살면서 한국 TV라도 보는 것이 아이들 정서상 좋으리라 생각했다. 학교에서 받은 스트레스를 TV를 보며 웃고 즐기면서 풀 수 있어서 그런 용도로 사용하면 유용한 것이다. 남매 애를 금 가게 하는 장애물은 TV 자체가 아니었다. 소소한 생활 규칙의 부재였다는 것을 발견하게 되었다. 생각하니, 진정한 장애물이 무엇인지 발견했고 조금 아이디어를 내서 그것을 해결할 수 있었다.

A4 2장 쓰기에 있어서 겪게 되는 걸림돌은 사람마다 다르다. A4 2장 쓰기를 할 수 있는 실력이나 환경이 조금씩 다르기 때문이다. 만약 평소 글을 써온 사람이라면 A4 2장 쓰기에 대한 마음가짐이 다를 것이다. 그래 나도 할 수 있어, 그래 나도 노력해보자, 이런 마음을 쉽게 가지고 있을 것이다. 하지만 글쓰기가 익숙하지 않은 사람이라면, 난, 못해, 한 장도 어려운데, 2장을 어떻게 써, 라고 생각할 가능성이 있다. 아니면 아예, 내 일이 아니라고 선을 그을지도 모른다. 글쓰기 골치 아파, 라고 글쓰기로부터 자신을 차단, 완전봉쇄, 그렇게 스스로 보호막을 칠 수도 있다.

또한 자신이 놓여 있는 환경에 따라 다르다. A4 2장 쓰기를 도전해보리라 마음을 먹었지만, 환경이 나를 도와주지 않을 때가 있다. 너무나 바쁘게 산다. 직장에서 계속 서 있는 일을 해야 하고, 퇴근해서는 바로 녹초가 되어 글쓰기라고는 도저히 엄두를 내지 못한다. 또 어떤 사람은 앉아 있는 일을 하고, 거기에다가 재량껏 자기 시간을 확보할 수 있다. 그렇다면 자신의 의지만 있으면 A4 2장 쓰기, 노력해볼 수 있다. 다른 특별한 장애물이 없다면 아마도 이런 사람은 A4 2장 쓰기 도전하고 몸에 익힐 수 있을 것이다. 하지만 걸림돌에는 물리적인 부분 외에 정신적인 부분이 있다고 했다.

브라이언 트레이시는 《목표 그 성취의 기술》에서 자신과 목표 사이에 놓여 있는 주된 장애물은 보통 정신적인 것들로 심리적이고 감정적이며 주변 상황보다는 자신의 내부에 존재한다고 말했다. 환경적인 부분보다 더 강력한 것은 사실 정신적인 부분이다. 정신적인 부분에서 방해요소를 극복하지 못하면 아무리 글쓰기 좋은 환경이라도 힘들 수 있다.

내가 내 인생 첫 책을 쓰면서 느꼈던 가장 큰 걸림돌, 역시 심리적인 부분이었다. 나도 책을 쓸 수 있을까?, 하는 쓸데없는 근심 걱정이었다. 왜냐하면 그전에는 책이란 것을 한 번도 써보지 않았기 때문이다. 처음 하는 것에 대한 두려움이었다. 더군다나, 몸으로 하는 것이라면 좀 덜 어렵게 느꼈을 것이다. 이것은 나의 경우에 한해서이다. 다른 사람은 또 다를 수 있다. 글쓰기는 머리를 쓰면서 해야 하기에 더욱 자신감이 떨어졌었다. 하지만 매일 나는 할 수 있다고 스스로 세뇌하면서 1꼭지, 1꼭지 써나갔다. A4 2장 쓰기가 바로 1꼭지이다. 그렇게 A4 2장 쓰기를 매일 함으로써, 가시적으로 초고가 조금씩 늘어나는 것을 보고 조금씩 자신감도 생기게 되었다.

A4 2장 쓰기, 대부분 사람의 가장 큰 걸림돌은 자신을 의심하는 것이다. 나는 아예, 글 쓰는 재주를 타고나지 않았기에 글쓰기란 나와 상관없는 일이다, 라고 생각해버린다. 나도 할 수 있다는 생각 자체를 하지 않는다. 자신에게 솔직하지도 않다. 사실 글을 잘 쓰고 싶은 것은 말을 잘하고 싶은 것과 같이 우리가 모두 원하는 바이다. 말 잘하는 사람을 보면 부럽기도 하고 나도 저렇게 잘하고 싶다는 생각한다. 평상시 말은 하는 것이기 때문에 자주 하는 부분이니까 그렇게라도 자신에게 솔직하다. 하지만 글에서는 아예 자신의 마음 자체를 회피하려 한다. 글, 그것 아무나 하나, 나

는 아니야, 라는 식으로 속마음은 아니지만 나는 아니니, 글쓰기 못해도 된다. 라는 마음이 들어간다. 사실은 아니다. 자신도 말처럼 글도 잘 쓰고 싶은 것이다. 그래서 나는 자신에게 솔직하라고 말하고 싶다. 그리고 따라오는 의심이 생긴다면, 일시적 감정이라 여기고 무시하자. 그리고 내가 하고 싶은 것에 집중하는 것이다. 그렇게 A4 2장 쓰기 시작하는 것이다.

A4 2장 쓰기의 가장 큰 걸림돌인 의심을 극복하는 방법은 특별한 것 없이, 그냥 쓰는 것이다. 의심은 자신이 해보지 않았기 때문에 생기는 것이다. 우리가 내비게이션 없이 운전해서 낯선 곳을 찾아간다고 가정해보자. 낯선 곳, 한 번도 가보지 않은 곳이기에 자신이 없다. 내가 과연 내비게이션도 없이 설명하나만 의지해서 찾아갈 수 있을까? 불안해진다. 하지만 운전을 해서 누군가가 설명해준 그것대로 찾아가다 보면 조금씩 자신감이 붙고 확신이 생긴다. 그래, 찾아갈 수 있을 거야, 라는 생각이 든다. 나는 자신감이 없었지만, 책 쓰기를 시작했다. 쓰는 시간이 지나면서 할 수 있다는 자신감이 생겼는데, A4 2장 쓰기가 그렇다. A4 2장 쓰기, 그전에는 한 번도 해보지 않았지만, 하루, 이틀 쓰는 날이 반복되면서, 그것은 내가 할 수 있다고 믿는 일이 되는 것이다. 눈으로 확인하는 것, A4 2장씩 쌓여가는 것을 눈으로 볼 기회를 매일 만드는 것, 그것이 의심을 벗어던지는 방법이 된다.

걸림돌은 우리가 무엇을 하든 언제, 어느 곳에서나 도사리고 있다. 그것은 특별한 것이 아니다. 새로운 도전을 하는 우리와 언제나 함께한다. A4 2장 쓰기에서도 분명히 많은 걸림돌이 있을 것이다. 그런데도 우리는 그것을 나의 삶으로 만들어야 한다. 왜냐하면 A4 2장 쓰기를 통해서 우리가 얻는 것은 그렇게 쉽게 간과할 수 있는 것이 아니기 때문이다. A4 2장 쓰기의 가장 큰 걸림돌인 자신을 의심하는 것, 그것을 극복하기는 쉽다. A4 2장 쓰기를 매일 함으로써 마음의 의심을 거두고, 나도 A4 2장 쓰기 할 수 있다는 확신으로 바꿀 수 있다. 의심이라는 것을 극복하고 A4 2장 쓰기 시작하고 체화하길 응원한다.

A4 2장 쓰는 시간을 정해라

A4 2장 쓰는 데 있어서 시간을 정해두면 좋다. A4 2장 쓰는 시간을 정하면, 그 시간만큼은 미리 확보해두려 한다. 결단을 내리기까지 고민되는 것이지 결단 후에는 바쁘더라도 그 시간에 그것을 하려 한다. 시간을 정하는 자체가 그것을 할 가능성을 높이는 것이다. 하루 중 정한 그 시간을 떼어서 A4 2장 쓰기를 여유롭게 하게 된다.

나는 새벽에 블로그 포스팅을 한다. 이른 새벽 간단히 할 일을 하고 책상에 앉으면 많은 생각이 뿜어져 나온다. 그런 단상들을 블로그에 포스팅한다. 어떤 날은 3~4개씩 포스팅할 때도 있다. 매일 그런 것은 아니지만 그럴 때가 종종 있다. 그렇게 포스팅을 하면 시간은 훌쩍 1시간, 2시간이 지난다. 그래도 포스팅을 해서 좋다. 하지만 단점이 하나 있다.

포스팅을 새벽에 하면 그 이후의 시간에 집중할 수 없다. 왜냐하면 포스팅한 글을 사람들이 얼마나 읽었는지 자꾸 확인하기 때문이다. 책 쓰기를 하다가도 잠시 블로그를 열어본다. 열어보다 보면 댓글이 달렸으면 또 그냥 지나치지 못하고 답 글을 달아야 한다. 그리고 포스팅 개수가 3개 이상이 되는 날은 그것에 대해 다 확인하고, 답 글도 달고 하면 또 시간이 자꾸 흘러가서 정작, 해야 할 일을 못 하게 된다. 일찍 포스팅하면 집중도 잘 되고 마음에서 우러나온 글을 쓸 수 있어 좋지만 다음에 쓰는 글에 지장이 있어 그것이 최대의 단점이 되었다.

그래서, 블로그 포스팅 시간을 바꾸었다. 새벽에 먼저 포스팅하는 대신에 중요한 일, 내가 꼭 해야 할 일을 먼저하고 포스팅을 하는 것으로 해보았다. 블로그 포스팅만 보면, 시간이 지난 뒤에 하는 것이기에 포스팅 글이 퀄리티 면에서 새벽보다 떨어진다고 스스로 느낀다. 그리고 결정적으로 중요한 일 하나를 하고 하는 것이기 때문에 왠지 꼭 해야 한다는 절실한 마음이 줄어든다. 그것은 하나를 했기 때문에 스스로 좀 쉬어도 된다는 보상심리 때문일 것이다. 그래서 블로그 포스팅을 뒤로 미루게 된다. 그러면 또 다른 일이 생긴다. 아이가 깨어났다거나, 아침 준비를 해야 한다거나, 다른 일이 생기는 것이다. 그래서 블로그 글쓰기를 못하게 되기도 한다. 그렇게 시간이 흘러 밤이 되고, 9시, 10시에 포스팅을 해야 한다는 일념으로 노트북을 잡고 앉지만, 몸은 피곤한 상태로 집중력은 떨어지고, 포스팅 글을 쓰기가 새벽 시간에 비해 10배는 힘들게 느껴지게 된다. 그래서 그냥 하루를 건너뛰게 된다. 결국 나는 1일 1포스팅 실천은 실패하게 되는 것이다.

그래서 나는 깨닫게 되었다. 글 쓰는 것은 피곤한 시간에는 잘 안 되고, 하루 중, 1순위로 시간을 확보해서 하는 것이 좋다는 것이다. 될 수 있으면 이른 시간, 몸도 마음도 가장 개운한 상태에서 쓰는 것이 가장 좋다는 것을 시행착오를 통해서 알게 되었다. 꼭 써야 할 글이 있다면 하루 중 가장 먼저 글을 쓰는 것이 가장 집중해서 쓸 수 있고 글의 퀄리티도 좋아지고 매일 쓰게 된다는 것이다. 그래서 나는 블로그 포스팅 글을 먼저 하면 그 다음 일에 방해가 되기는 하지만 다른 방법으로 그것을 극복하고, 일단은 1일 1포스팅 목표를 달성하기 위해서는 새벽에 포스팅 글을 쓰는 것이 필요하다고 생각하여 다시 원래대로 새벽 포스팅하는 것으로 바꾸었다. 지금은 인스타그램 역시 새벽이나 이른 아침에 글을 올리려 노력하고 있다.

A4 2장 쓰기도 마찬가지이다. A4 2장 쓰기를 한동안 써서 몸에 체화하려는 계획을 하고 있다면 자신의 가장 귀한 시간을 투자해야 한다. 보통 일어나고 난 뒤의 시간이 가장 집중이 잘되고, 좋은 시간이라고 할 수 있는데, 이 시간을 쓰기 시간으로 스스로 만들어 봄을 권하고 싶다. 늦게 일어나서 아침도 챙기지 못하고 급하게 직장을 가야 한다면 A4 2장 쓰기가 쉽지 않을 것이다. 왜냐하면 바로 직장에서 직장 일을 시작해야 하고, 직장에서 8~10시간 정도의 시간을 보낸 다음 퇴근해서는 너무나 피곤한 상태가 되기 때문이다. A4 2장 쓰기 시작 자체를 못할 수가 있다. 그래서 일단은 시간 확보를 해야 하는데, 직장인이라면 가장 좋은 글쓰기 시간으로 출근하기 전, 가장 두뇌 상태가 좋고 집중할 수 있는 그 시간이 글쓰기에 최고의 시간이라고 말하고 싶다.

A4 2장 쓰기의 시간으로 새벽 시간을 강조하고 싶다. 새벽에 글을 쓰면 낮보다 쓰기가 수월하다. 새벽에 쓴 사람은 느낄 수 있을 것이다. 집중도

있게, 내가 원하는 대로 술술 쓰일 가능성이 높다. 물론 안 그런 날도 있지만, 새벽에는 그런 날이 더 많다. 이것은 바로 잠재의식이 활용되기 때문이라고 할 수 있다. 사람의 정신영역은 우리가 인지하는 의식과 우리가 인지하지 못하지만 존재하는 잠재의식이 있다. 주로 낮에는 의식의 영역이 강하게 작용하기 때문에 잠재의식을 잊고 지낸다. 이 잠재의식이 왕성하게 활동하는 시간이 새벽 시간이다. 그래서 잠재의식의 왕성한 활동으로 내가 인지하지 못한 부분까지 글을 통해서 수면으로 올라온다. 자판을 두드리는 나의 의식이 잠재의식을 따라간다. 손가락이 나의 의식을 이끌고 간다. 깊은 내면이 이끄는 대로 글은 쓰인다. 그래서 훨씬 수월하게 쓸 수 있고, 이 느낌이 좋아서 기분도 좋아진다. 새벽 글쓰기는 쉽고도 만족스럽고 행복감까지 느낄 수 있게 한다.

새벽 글쓰기를 하려면 일단 새벽에 일어나야 한다. 새벽에 일어나지 못한다면 새벽 글쓰기의 짜릿한 맛을 느낄 수 없다. A4 2장 쓰기를 위해서 새벽 기상에 도전해보자. 특히 시간이 부족한 직장인이라면 A4 2장 쓰기를 체화하는 비법이 바로 여기, 새벽 글쓰기임을 기억하면 좋겠다. 글쓰기, 책 쓰기 할 때 최고의 시간인 새벽 시간, 놓치는 실수를 하지 않기를 바란다.

새벽 기상을 아직 시도해보지 않았다면, 이번 기회에 도전해보길 바란다. 새벽 기상은 엄청난 가치가 있다. 성공한 대부분의 사람이 새벽 시간을 최대로 활용하는 사람들이다. 새벽 기상, 처음에는 쉽지 않다. 그래서 다른 것의 힘을 빌리자. 새벽 기상 위해 여러 번 노력했지만 번번이 실패한 사람들이 많을 것이다. 그렇더라도 포기하지 않는다면 새벽기상은 나의 일상이 된다. 내가 사용한 방법은 새벽 수영을 등록한 것이다. 새벽 6시부터 7시까지 하는 수영강습을 신청한 것이 요긴한 방법이 되었다. 특히 알뜰한 사람에게 이 방법은 적합하다. 첫 한 달은 강습을 못 가는 날이 가는 날보다 많았다. 그래도 시간이 지나면서 강습 참석률은 점점 좋아지게 된다. 그리고 또 하나 새벽 기상 방법으로 기록 하는 것이 효과가 있다. 기상하는 새벽 시간을 기록하는 것으로, 박스를 만들어, 날짜별로 확인할 수 있게 한다. 기록의 힘을 활용하면 무엇이든지 달성할 수 있다는 생각을 나는 가지고 있다. 새벽 기상 기록 방법은 자신의 취향에 따라 정하면 된다. 나는 블로그에도 올렸다. 블로그 글을 쓰기 전에 나의 기상 시간을 기록하고 밑에 이어서 글을 썼다. 그렇게 하다 보니, 그 기록을 하기 위해서라도 새벽 기상은 놓쳐서는 안 된다는 강한 의지가 생겼다. 새벽 기상 하는 방법에는 원칙이 없다. 자신만의 방법을 만들어 도전해보길 바란다.

새벽 시간에 글쓰기가 힘들다면 자신만의 시간을 만들어도 좋다. 새벽기상이 힘든 사람도 있을 수 있을 것이다. 새벽에 일어나지만 일을 해야 하는 사람도 있다. 새벽에 글쓰기가 도저히 불가능한 사람이라면 새벽이 아닌 다른 시간을 확보하면 된다. 그 시간은 자신의 머리가 가장 개운한 상태의 시간을 확보하는 것을 권하고 싶다. 왜냐하면 글이라는 것이 머리가 피곤한 상태에서는 잘 쓰여 지지 않기 때문이다. 물론 베테랑인 사람에게는 예외일 수 있지만 이제 막 A4 2장 쓰기를 체화하려는 사람에게는 무리가 있다. 그래서 두뇌 컨디션이 좋은 가용 시간대를 찾아 쓰기를 권한다.

A4 2장 쓰기 위한 시간을 미리 확보하면 여러 면에서 좋다. 집중해서 쓸 수 있고, 또 매일 같은 시간에 잊지 않고 쓸 수 있다. 시간을 확보하는 방법은 2가지이다. 기존의 도움이 안 되는 생활의 일부를 잘라내는 것과, 기존에 없던 시간을 찾아서 만드는 것이다. 기존에 나에게 없었던 시간으로 새벽 시간을 추천하고 싶다. 만약 새벽 시간을 활용하지 않고 있다면 새벽 시간을 꼭 사용하라고 권한다. 글쓰기에 새벽 시간이 많은 도움이 된다. A4 2장 쓰기도 몸에 익히면서 새벽 시간도 활용하는 기회로 삼으면 좋을 것이다. 새벽 시간은 나에게 글쓰기 외에도 많은 놀라운 기회를 안겨다 줄 것이다. 만약 그것이 여의치 않다면 두뇌가 가장 개운한 상태의 시간을 확보해라. 만약 퇴근 후에 글을 써야 한다면, 잠깐 자고 일어나서 글을 쓰는 것도 하나의 방법이 될 것이다. 어찌하였던 좀 덜 피곤한 시간에 A4 2장 쓰기를 집중적으로 하길 바란다. A4 2장 쓰기, 시간이 지날수록 적응되고, 그 시간이 나에게 행복한 시간이 될 것이다. 그때까지 시간 확보에 성공하시길 바란다.

A4 2장 쓰는 핵심 방법, 최소 하루 3번씩 리마인드해라

대학 다닐 때 공부를 잘하던 한 친구가 있었다. 이 친구는 대부분 시험에서 거의 1등을 독차지했다. 신기한 것은 그 친구는 시험 기간에도 일찍 잔다는 것이다. 기숙사 생활을 하던 나는 그 기간에 제일 먼저 불을 끄고 자는 그 친구가 의아했다. 그러면서도 1등을 놓치지 않는 비법이 무엇일까?, 몹시 궁금했다. 그 친구의 얼굴을 볼 때마다 신통방통했다.

하루는 그 친구를 유심히 관찰했다. 그 친구는 수업이 끝나고 쉬는 시간에 바로 뭔가를 하는 것을 볼 수 있었다. 무엇을 하는지, 슬쩍 옆에 가서 보았다. "노트 필기"를 하고 있다. 좀 전에 배운 내용을 노트에 적고 정리를 하는 것이다. 그래 이것이 이 친구의 공부 잘하는 비법이었구나. 수업이 끝나자마자, 노트 정리를 하면서 그 내용을 한 번 더 기억한다. 단지 쉬는 시간, 5분, 10분의 시간 투자이지만 배운 직후의 정리이기 때문에 머리에 각인이 잘 된다. 그 친구는 어릴 때부터 학교에서 배운 것을 그렇게 소화하려고 노력한다는 이야기를 들었다. 수업 직후, 짧은 시간 반복함으로써 1등을 유지해왔다. 시험 기간에 고생하지 않아도 되고, 슬슬 공부하면서 좋은 성적을 얻을 수 있기 때문에 아주 효과적인 공부 방법이다.

공부 방법에 있어서 핵심은 반복이다. 짧은 시간이라도 여러 번 반복을 할 수 있다면 무엇이든지 기억하고 내 것으로 만들 수 있다. 특별한 능력과 기술을 익힐 때도 마찬가지이다. 반복의 환경을 스스로 만드는 능력을 발휘해보자.

A4 2장 쓰는 방법을 익히는 방법에서도 반복의 효과를 활용해야 한다. 반복하지 않은 것이 나의 능력이 되지는 못한다. A4 2장 쓰는 여러 가지 방법 중 특히 익혀야 할 핵심방법을 정하고 반복적으로 생각해보자.

브라이언 트레이시는 《목표 그 성취의 기술》에서 어떤 기술을 완전히 습득하기 위해서 3 더하기 1 공식을 활용하라고 이야기했다. 매일 15분에서 30분씩 그 기술영역에 대한 글을 읽고, 그 주제에 관한 오디오 교육 프로그램을 매일 듣고, 그 주제에 관한 세미나와 워크숍에 참석하라고 했다. 그리고 나머지 하나는 행동으로 옮긴다는 것이다. 읽고 듣고, 보고한 내용을 실천함으로써 확실히 자신의 기술로 만들라는 것이다.

기술을 습득하기 위해 오감을 자극하고 매일 실천하는 것이 중요하다. 오감을 자극하면 뇌 자극이 많이 되고 뇌 자극으로 뇌의 시스템은 변화된다. 매일 반복되면 더욱 그 기술에 대한 뇌의 변화는 빨라진다. 그래서 눈으로 보고, 듣고, 실제 손으로 해보고 하는 과정이 필요한 것이다. 브라이언 트레이시는 그렇게 3 더하기 1의 공식으로 어떠한 기술이라도 내 것으로 습득할 수 있다고 강조했다.

A4 2장 쓰는 방법을 체화하기 위해서 그 방법을 반복하는 것이 필요하다. 뇌로 그 방법을 계속 리마인드하는 것이다. 브라이언 트레이시가 강조한 3 더하기 1 공식도 아주 훌륭하지만, 처음부터 실천하기가 쉽지 않다. 읽는 것은 도전할 수 있겠지만, 오디오 교육프로그램을 듣거나, 세미나나 워크숍을 찾아가는 것은 정말 열정적이지 않으면 하기 쉽지가 않다. 그렇다고 A4 2장 쓰는 방법을 몸에 익히는 일을 포기할 수는 없다. 그래서 말할 수 있는 것이 그것을 습득하기 위해 반복적으로 머리로 생각하고 머리로 연습하는 것이다. 하루에 최소 3번, 뇌로 생각하자. 그렇게 된다면 A4 2장 쓰는 것이 좀 더 쉬워질 것이다. 타고난 재능보다, 반복하는 후천적 노력이 더 큰 변화를 일으킨다.

우선, A4 2장 쓰는 방법의 핵심 3가지를 정하자. 내가 하루 최소 3번 생각해야 할 A4 2장 쓰는 핵심 방법 3가지를 먼저 정하는 것이다. 생각의 타깃대상이 명확해야 생각하기도 쉽다. 목표달성과 마찬가지이다. 목표가 명확하지 않으면 어디를 맞추어야 할지 모르게 되는데, 그런 상황이 되지 않도록 생각하기 전, 내가 무엇을 반복 생각할지를 명확히 한다. 생각할 A4 2장 쓰는 핵심 방법으로는 첫째, 서론-본론-결론으로 쓴다. 둘째, 기본은 사례+메시지이다. 셋째, 서론은 사례+메시지 한 세트, 본론은 사례+메시지 2세트로 쓴다. 최소 하루 3번, 이것을 반복적으로 생각하면서 몸에 익히자.

나는 요즘도 1꼭지 쓰기에 대해 계속 생각하면서 연구를 하고 있다. 개인 저서 7권이 완성되었지만, 책 쓰기에 대한 생각과 연구는 계속된다. 시간이 지날수록 좀 더 디테일해지고, 좀 더 깊이 있는 부분을 고민하게 된다. 이것이 곧 1꼭지 쓰는 기술이 발달하게 되는 원인이 된다. 1꼭지 쓰는 수준이 높아진다고도 말할 수 있겠다. 처음 책을 쓸 때의 1꼭지 쓰기와 개인저서 7권을 낸 후의 1꼭지 쓰기는 중요하게 생각하는 부분과 글의 구조가 다르기 때문에 다른 글이 된다고 할 수 있다. 1꼭지쓰기는 계속 생각하고 연구되어야 할 부분이다. 1꼭지는 딱 A4 2장 정도이다.

A 4 2장 쓰기를 몸에 익히기 위해 하는 최소 하루 3번 생각하기 도전해 보자. 반복해서 생각하는 것은 점점 더 잘하게 된다. 하루 당신의 머리를 채우는 생각들에 의해서 당신의 현실은 결정된다고 할 수 있다. 내가 A4 2장 쓰는 방법에 대해서 자주 생각한다면 A4 2장 쓰기는 좀 더 쉬워지는 것이 나의 현실이 된다. 하루 최소 3번씩 생각하기를 권한다. 가장 중요한 시간은 자기 직전과 아침 눈을 떴을 때 생각하는 것이다. 자기 직전과 눈을 떴을 때 그 짧은 시간으로 1꼭지 쓰기를 숙달하고, 책도 쉽고 빠르게 쓰면서, 인생을 바꿀 수 있다.

자기 직전 A 4 2장 쓰는 핵심방법에 대해서 생각해라. 아무리 피곤해도 생각은 할 수 있다. 나는 오후가 되면 정말 피곤해진다. 초등학생인 아이 둘을 돌보면서 책을 쓴다는 것이 육체적으로 정신적으로 피곤한 일이다. 그래서 오후가 되면, 손 하나 까딱할 수 없는 상태까지 된다. 하지만 몸은 천근만근이라도 누워서 생각은 할 수 있다. 누워서 특히 불을 끄고 아이들과 잠시 대화를 나누고 난 뒤, 굿 나이트 인사 후 잠들기 직전 나는 A4

2장을 어떻게 쓸 것인지를, 어떻게 쓰면 쉽게 잘 쓸 것인지, 그 방법들을 생각하면서 리마인드 한다. 책 쓰기를 일상처럼 하고 있지만 그래도 1꼭지를 어떻게 쓸 것인가는 매일 생각한다. 1꼭지가 곧 A4 2장 쓰기이다. 어떤 책에서 잠들기 직전 생각하면 우리가 잠든 후에도 뇌는 그 생각들에 대해 답을 찾는다고 했다. 그래서 고민거리도 생각하면서 잠든다면 뇌는 밤새도록 그 고민의 해답을 찾고 아침에는 그 해답을 나의 의식에 던져줄 수도 있다. 밤사이에 뇌는 완전가동하기 때문에 잠들기 직전의 시간을 최대로 활용하는 것이 필요하다. 이 시간에 몸에 체화하기를 바라는 A4 2장 쓰는 핵심 방법에 대해서 계속 생각할 수만 있다면, A4 2장을 더 쉽게 쓸 수 있을 것이다.

아침에 일어나서도 A4 2장 쓰는 핵심방법에 대해서 생각해라. 아침에는 가장 개운한 상태이기 때문에 어떤 자극도 잘 받아들인다. 그 받아들인 것들이 장기기억으로 바로 넘어가고 몸에 장착되는 확률이 높아진다. 마지막으로 A4 2장 쓰면서 다시 그 핵심방법을 몸에 익히자. 세상에 불가능한 것은 없다. 내가 할 수 있다고 생각하는 것은 할 수 있고, 내가 할 수 없다고 생각하는 것은 할 수 없는 것이다. 모든 것이 나의 마음으로 가능하기 때문에 그 마음을 가지는 작업인 A4 2장 쓰는 핵심방법, 하루 3번 생각하기를 실천하기를 바란다.

A4 2장을 잘 쓰기 위해, 머리로 마음으로 반복해서 그 쓰는 방법을 생각해야 한다. 최소 하루 3번 생각하기를 실천하자. 우리의 마음을 채우고 있는 것은 곧 현실이 될 것이다. 마음으로 A4 2장 쓰는 방법을 자유자재로 사용하여, 빠르고 쉽게 상상으로 써내보자. 머리로 알고 할 수 있는 것

은 실제 행동으로 자연스럽게 나타날 가능성이 높다. 방법을 머리로 안다면 그 방법대로 그것을 실천하게 된다. 하고 싶다는 마음보다는 구체적으로 어떻게 하는지 그 방법을 제대로 알아야한다. 자기 직전과 자고 난 직후에, 방법을 반복적으로 생각하고 직접 쓰면서 A4 2장 쓰는 핵심방법을 마음에 채우기를 바란다. A4 2장을 자유롭게 쓰면서 책 쓰기에 도전할 날도 이제 곧 다가오게 될 것이다.

제4장

A4 2장 이렇게 쓰라

서론-본론-결론으로 나누어서 쓰라

남 앞에 서면 긴장되고 마음도 말도 급해진다. 나는 어릴 때, 남 앞에 서는 경험이 많지 않았다. 학창 시절, 그냥 수업 듣고 공부하고 시험 보는 과정이 있었을 뿐이었다. 지금 생각하면 참 아쉽다. 어릴 때부터 무대에 서는 기회가 많았다면 남 앞에 서서 이야기하는 것이 이렇게까지 힘들지는 않았을 것이다. 그래서 나의 아이들한테는 무대에 서는 기회를 많이 주고자 노력한다. 현재 필리핀 세부 살이 중인데, 다행인 것은 아이들이 다니는 학교에서는 행사를 많이 만들어 아이들이 무대에 서는 기회를 많이 준다. 아이들이 대중 앞에서 당당히 자신을 표현하는 기회를 주려는 학교 분위기가 다행이라 생각한다.

남 앞에 서서 자신 생각을 자연스럽게 표현하는 방법이 있다. 그것은 한꺼번에 말하려 하지 않는 것이다. 나누어서 말을 한다는 생각을 가지면 덜 긴장된다. 너무나 긴장된 나머지 말을 급하게 한꺼번에 쏟아내는 경향이 있는데 말을 하면서 무슨 말을 하는지 본인도 잘 모른다. 긴장될수록 말의 구분이 없고, 빠르게 말하는 경향이 있다. 이것이 듣는 사람도, 말하는 본인도 어색하고 더 긴장되게 하는 원인이 된다.

대중 앞에서 긴장감을 줄이고 말할 수 있는 구체적인 방법은 다음과 같다. 첫째는 말을 나누어서 한다고 생각하기. 둘째, 하고 싶은 핵심 한 가지에 집중해서 말하기. 셋째, 많이 말하지 않아도 된다고 여유롭게 마음먹기. 넷째, 대중 앞에서 말하는 기회를 많이 가지기, 라고 할 수 있겠다. 나는 현재는 대중 앞에 말하는 것을 어느 정도 극복한 상태이다. 오히려 대중 앞에 말하는 자체가 삶의 활력이 된다고 지금은 생각한다. 대중 앞에서 자신의 생각을 말하는 것은 새로운 세계의 경험이다. 어릴 때부터 알았으면 하는 아쉬움이 있지만 지금이라도 늦지 않았다. 위의 방법대로 노력한다면 극복할 수 있다. 특히 나누어서 말하는 습관을 들이는 것이 중요하겠고 한꺼번에 쏟아내지 대신, 최소 3등분으로 나누어서 말하는 것이 도움이 될 것이다.

A4 2장 쓸 때도 대중 앞에 서 있듯이 당황스럽기 마찬가지이다. 짧은 글이 아니라 긴 글이라 더 긴장되는 것이다. 무슨 말을 어떻게 써야 할지 모르겠다. 어떻게 써야지 A4 2장을 채울지 감감하다. 사실 우리는 글이라는 것을 매일 쓰고 있다. 스마트 폰으로도 메시지를 보내고, 메일로도 답장을 쓴다. 직장에서도 보고서 쓰는 것을 일상적으로 한다. 하지만 긴 글은 쓸 기회가 많지 않다. A4 2장을 언제 써 본지 까마득하다. 그렇기 때문에 막막한 것이다. 될 수 있으면 피하려는 심리도 생긴다. 내가 써도 그만,

안 써도 그만이다고 긴 글쓰기를 옆으로 치워둔다. 그러면서 은근히 주변 책 썼다는 사람들 보면 부러워진다. 나도 할 수 있을 것 같은 느낌이 든다. 그래서 조용히 다시 시도하지만 조용히 다시 포기하는 상황이 발생한다. 조용히 도전하고 포기하지 말고 이제, 끝까지 써 보도록 해보자.

대중 앞에서 말하기와 마찬가지로 A4 2장도 같은 방법으로 쓴다.

첫째, A4 2장을 단번에 쓰려고 하지 마라

A4 2장 쓰기는 단번에 쓸 수 있는 것이 아니다. 간단한 글이라면 단숨에 써 내려가는 것이 가능하다. 아니면 글쓰기에 아주 베테랑이라면 가능하다. 하지만 보편적으로 단숨에 써 내려 갈 수 있는 것이 아님을 인지하자.

둘째, 나누어서 하나씩 쓰라,

한 번에 쓰려는 생각 자체를 버리고 나누어서 쓴다고 생각해야 한다. 나누어서 쓰면 충분히 가능하다. 초등학교 때 학교에 가기 위해 거쳐야 하는 계단이 있었다. 어른의 걸음으로도 그 계단은 높았다. 어린 나는 그 계단을 오르면서 마음에 구분 선을 긋고 오르기 시작했다. 10계단씩 나누어서 오르기로 마음먹고 번호를 세면서 올라갔는데, 어느새 계단 꼭대기까지 올라서 있는 자신을 발견했다. A4 2장 쓰기도 마음의 구분 선을 긋고 쓰기 시작하다 보면 금방 다 채우게 될 것이다.

셋째, 나누는 방법은 서론-본론-결론이다.

구분 선을 긋는 기준은 서론-본론-결론이다. 이것이 얼마든지 긴 글도 쓰게 하는 방법이다. 비법이라고 할 수도 있지만, 너무 일반적이고 많은 사람이 알고 있어 비법이란 표현이 어색하다. 하지만 서론-본론-결론을 무조건 활용, 자주 활용, 잘 활용할수록 긴 글쓰기에는 수월하게 될 것이다.

넷째, 나누어서 쓸 수 있으면 더 긴 글도 쓴다.

서론-본론-결론으로 나누어서 쓰면 자신의 의지대로 얼마든지 쓰는 장수를 늘릴 수 있다. 왜냐하면 서론을 한 문단 더 넣고, 본론, 결론도 한, 두 문단씩 더 넣는다고 하면 쓰는 분량이 늘어나기 때문이다. 이것은 구분이 있기 때문에 가능하다. 이런 구분 없이 그냥 써 내려갈 경우 좀 더 길게 쓰고 싶은 마음이 있다 하더라도 한 문단 쓰기가 쉽지 않다. 아마도 한 문장 더 쓰기도 어렵게 느껴질 수 있다. 서론, 본론, 결론은 그 특성이 명확하기 때문에 한 문단 더 추가해서 늘리는 것은 그리 어렵지 않게 할 수 있다.

A4 2장 쓰기에서 다시 강조하고픈 것은 서론-본론-결론이다. A4 2장 쓰기 한다고 생각하면 하얀 종이 2개를 떠 올릴 것이다. 그렇게 떠올리지 말고, 서론, 1/2장, 본론 1장, 결론 나머지 1/2장을 떠올리자. 그리고 서론, 본론, 결론, 따로따로 생각하는 것이다. 물론 전체적인 흐름은 한 가지 키워드와 연관이 있어야 하겠고 A4 2장을 이렇게 나누어서 구상하고 생각하고 쓰는 것이다. 뒷부분에 서론-본론-결론을 어떻게 써야 하는지, 자세한 설명을 넣었다. 천 리 길도 한 걸음부터라는 말이 있듯이, 아무리 긴 글도 나눌 수 있다면 얼마든지 쓸 수 있다는 점 기억해라.

개인 저서 7권을 출간한 나는 지금도 서론-본론-결론 쓰기를 매일 생각한다. 구체적으로 어떻게 쓸지 구체적인 방법을 고민한다. A4 2장을 3부분으로 나누어서 생각하면 어떻게든 그 장수는 채울 수 있다는 점을 경험을 통해서 알 수 있다. 처음에는 단숨에 A4 2장을 채우려고 덤볐다면 지금은 어떤 메시지와 사례를 가지고 와서 각각 부분을 채울 것인지 먼저 생각한다.

서론-본론-결론 쓰기가 처음부터 쉽지는 않을 것이다. 하지만 습관을 들이기 마련이다. 습관을 들이는 방법의 하나는 그 형식에 맞추어 말하는 것이다. 말과 글은 매우 통하는 부분이 있어 말이 글에 영향을 미치고 글이 또한 말에 영향을 미친다. 매일 하는 말들로 서론-본론-결론을 연습한다고 생각하자. 생각 외로 효과가 좋다. 지금, 나는 반대의 상황이다. 매일 1꼭지 쓰기를 하면서 나의 글이 말에 영향을 미치고 있다. 직설적으로 이야기하기보다는 서론에 해당하는 인사와 핵심부터 시작하면서 본론, 결론의 말을 하는 식으로 말하는 방식도 조금씩 바뀌고 있다. 처음 글을 쓰는 사람이라면, 나와는 반대로, 말로 글쓰기를 익히는 것을 시도해보길 바란다. 아무리 짧은 말이라도 서론-본론-결론으로 말을 할 수 있다. 그것이 A4 2장 글쓰기의 연습이라고 생각하고 말할 때도 글 쓰는 식으로 연습하는 것이다. A4 2장 쓰기, 너무 겁내지도 말고 걱정하지도 말자. 서론-본론-결론으로 나누어 쓰면 어느새 2장을 채우게 될 것이다.

꼭지 제목에서 키워드를 찾아라

책을 출간한 이후 내가 정한 인생 목표가 있다. 그동안 특별한 목표 없이 직장생활만 열심히 하면 된다고 생각해서, 그렇게 살다가, 출간 후 진정, 원하는 삶을 고민하면서 정한 목표이다. 나의 인생 목표라면, 앞으로의 삶을 책과 관련된 일을 하면서 살고 싶다는 것이다. 책을 계속 쓰는 것이며, 책으로 사람들에게 동기부여하고, 세상살이 어떤 문제에 대해서 해결점을 찾을 수 있도록 돕는 것이다. 그 목표를 향한 실질적이고 구체적인 방법은 여러 가지가 있을 것이다. 노력해야 할 부분도 많다. 지금 당장 내가 할 수 있는 한 가지를 정해보았다.

목표를 향해 나아가기 위해 할 수 있는 목록을 먼저 작성했다. 책과 관련된 일을 하기 위해 현재 내가 해야 할 일들을 최소 10가지 목록으로 작성해보았다.

첫째, 매일 읽는다.

둘째, 아무리 바빠도 하루 30분 이상 책을 읽는다.

셋째, 읽은 것은 반드시 인스타그램에 감상 글을 쓴다.

넷째, 하루에 1꼭지씩 쓴다.

다섯째, 1꼭지씩 쓰면서 1꼭지 쓰기 일기를 작성한다.

여섯째, 매일 제목-장 제목 세트로 목차를 만든다.

일곱째, 1꼭지 일기처럼 책 쓰기 일기도 작성한다.

여덟째, 새벽 책 쓰기를 한다.

아홉째, 새벽 독서를 계속 실천한다.

열 번째, 읽고 쓰기를 밥 먹듯, 일상처럼 한다.

이 중에서 내가 매일 거르지 않고 할 일, 한 가지를 선택했다. '1꼭지 매일 쓰기'이다. 1꼭지 매일 쓰기를 선택한 이유는 책과 관련된 일을 하기 위해서는 내가 먼저 읽고 쓰는 생활을 해야 하기 때문이다. 보통 사람들은 읽고 쓰는 것이 순서라고 생각하지만, 두 가지를 다 해본 내가 봤을 때는, 이 순서를 바꾸는 것이 맞다. '쓰고 읽기'를 하는 것이다. 먼저 쓰려고 결정하면 읽게 된다. 읽고 나서 쓴다고 생각하면 쓰는 것이 언제 가능할지 모르지만 먼저 쓴다고 생각하면 쓰는 과정으로 읽기를 하게 되는 것이다. 그래서 순서는 쓰고 읽기를 한다고 마음먹으면 2가지를 다 거르지 않고 매일 할 수 있다.

내 인생 목표인 책과 관련된 일을 하는 데 있어서 현재에 할 수 있는 핵심적인 일은 매일 1꼭지 쓰는 것이다. 왜냐하면 1꼭지씩 쓰면 초고를 매일 쓰는 것이 된다. 시간이 지나면 초고는 완성된다. 초고가 완성되면 책이 출간된다. 물론 중간에 작업해야 할 퇴고가 있다. 퇴고는 초고만 있으면 가능하기 때문에 초고완성이 가장 중요하다. 이렇게 해서 시간이 지날수록 더 많은 책을 출간하게 된다. 나의 책 출간 수가 늘어나게 될 것이다. 지금 할 수 있는 최고의 일은 책을 출간하는 것이다. 마케팅도 중요하지만 탄탄한 실력을 위해 책을 쓴다. 나의 일화와 내 생각들을 버무려 사람들에게 조금이라도 도움이 되는 책을 출간하는 것이야말로 나의 인생 목표를 달성하기 위한 가장 중요하면서 핵심적인 일이라고 나는 정했다.

A4 2장 쓸 때도 마찬가지로 핵심적인 일을 먼저 해야 한다. 처음에는 A4 2장 쓰기에 대한 부담을 느낄 수 있다. 하지만 거대한 목표를 실현하기 위해 매일 해야 할 핵심적인 일 하나를 정해서 꾸준히 해나가듯이 A4 2장 쓰기도 같은 방식으로 하면 된다. 가장 중요한 핵심적인 일 하나를 먼저 선택한다.

A4 2장 쓸 때 가장 먼저 할 핵심적인 일은 꼭지 제목에서 키워드를 찾는 것이다. 꼭지 제목은 소제목을 말한다. 키워드를 정하고 쓰는 것과 키워드 없이 그냥 꼭지 제목만 보고 쓰는 것은 다르다. 나는 처음에 꼭지 제목만 보고 A4 2장을 썼었다. 제목만 봤을 때 매번 읽으면서도 정신이 분산된다. 한 단어 읽을 때와 한 문장을 읽을 때를 상상해보자. 한 문장보다는 한 단어가 훨씬 명확하게 뇌에 입력이 된다. 명확한 입력은 그 단어에 대해 집중적인 관심을 유발한다. 제목을 문장으로 읽고 쓰는 것과 핵심 키워드를 읽고 쓰는 것은 그래서 달라지는 것이다. 좀 더 집중력 있게 쓰려면 핵심, 키워드가 필요한 것이다.

같은 문장이라도 사람에 따라 키워드는 달라진다. 왜냐하면 사람에 따라 현재, 과거, 미래의 환경이 다르기 때문이다. 똑같은 사진을 보더라도 보는 사람에 따라 보는 부위와 생각들이 다르듯이 키워드도 그렇다. 같은 제목이지만 다양한 글들이 존재하게 되는 이유가 여기에 있다. 사실 키워드를 정함으로써 그것과 관련된 사람들 각자의 과거 일화와 자료들, 그리고 자신이 전하고 싶은 메시지들이 정해진다. 본론에 쓰는 내용도 달라진다.

A4 2장 쓸 때 제목의 키워드를 정하면 쓰기가 좀 더 수월하다고 할 수 있다. 구체적으로 어떤 면에서 수월하게 쓸 수 있는지 생각해보자면, 우선은 앞에서도 잠깐 이야기했지만, 수렴적인 사고를 할 수 있어 집중이 잘된다. 수렴적인 사고는 환경의 영향을 받는다. 나는 때론 글쓰기가 잘 안될 때, 작은 방으로 이동한다. 작은방에서는 시각적인 자극이 줄어들어 좀 더 내면에 집중할 수 있다. 키워드는 그것에 집중하게 하여 오히려 더 많은 글을 쓰고 페이지 수를 채울 수 있다. 둘째로는 키워드를 활용하면 나의 과거 일화나, 자료들을 찾기가 수월하다. 글이라는 것은 나의 메시지와 사례를 버무려 쓰는 것이다. 나의 메시지만 채울 수가 없다. 그렇게 되면 메시지, 생각, 주장만 있는 글이 되어 근거 없이 자신의 말만 하는 사람처럼, 신빙성이 없는 원고가 되고 만다. 항상 메시지를 적고 그것에 대한 근거를 적어주어야 한다. 그 근거가 될 만한 것들을 찾기에 좀 더 쉬운 방법이 키워드를 활용하는 것이다.

키워드를 활용하면 어떻게 써야 할 것인지 아이디어가 더 잘 생각난다. 명확한 질문에 명확한 생각과 답이 나오듯이, 써야 할 키워드가 명확하면 어떻게 쓸 것인지 구상을 좀 더 명확하게 할 수 있다. 키워드가 있으면 무엇을 쓸 것인지 명확하게 잡을 수 있다. 그렇기 때문에 글감을 찾기도 좀 더 쉬워진다. 모호하게 무엇을 쓸지를 모를 때 어떻게 쓸지 아이디어가 떠오르지 않게 되고, 글감으로 어떤 것을 활용할지 정하지 못하는 것이다. 한 단어로 명확히 정한 키워드가 아이디어의 시발점이 되고 A4 2장 채우기도 좀 더 쉬워진다.

A4 2장을 쓰면서 이정표가 되는 것이 꼭지 제목이고 꼭지 제목의 키워드이다. 때론 제목 없이 글을 쓰는 경우가 있다. 쓰다 보면 내가 무엇을 쓰려고 했지? 라고 잊어버리는 경우가 있게 된다. 과거 내가 글을 쓸 때 그랬다. 글쓰기를 처음 하는 사람일수록 제목 없이, 키워드 없이 쓰려고 한다. 하지만 조금 긴 글을 써본 사람은 제목과 키워드를 미리 만들고 쓰기 시작한다. 그것이 시간이 더 걸릴 것 같지만 사실 시간이 덜 걸리는 방법이고, 더 잘 쓰고 쉽게 쓰는 방법이다. 키워드를 정하면 쓰려는 것에 더 잘 집중할 수 있는 것이다. 나의 메시지를 구체적으로 정할 때도 요긴한 도구가 된다. 또한 메시지에 관련된 나의 일화나 에피소드, 사례들을 찾을 때도 명확한 키워드가 도움이 된다. 그래서 A4 2장을 쓰기로 각오를 했다면 제일 먼저 내가 무엇을 쓸 것인지 제목을 정하고 그 제목의 키워드를 명확히 선택해서 써내려 가는 것이 좋다. 이것이 A4 2장을 좀 더 수월하게 채울 수 있는 기본적인 방법이 된다. 내가 쓸 키워드를 찾아라. 그것이 쓸 거리의 실마리들을 던져 줄 것을 다시 한번 강조한다.

키워드와 관련된 나의 현재-과거 경험을 찾아라

아이들이 좋아하는 음식을 만들기 위해 장을 따로 본다. 아이들이 세부에서도 여전히 즐겨 먹는 음식이 있다. 면 종류이다. 면의 아류쯤 되는 떡국도 좋아한다. 필리핀 세부에 살면 필리핀 음식을 많이 해먹을 줄 알았는데, 아니었다. 오로지 한식만 만들어 먹게 되고, 평상시 외식을 하더라도 한국식당을 찾게 된다. 처음 초창기에는 현지인의 식당만 고집했었다. 하지만 시간이 지날수록 현지식당보다 다소 비싸더라도 한국식당을 더 많이 이용하게 되었다. 아마도 음식은 곧 고향에 대한 향수를 달래는 방법이기 때문일 것이다. 아이들도 어른들도 마찬가지이다. 집에서 아이들이 좋아하는 칼국수를 만들기 위해 장을 종종 보러 간다.

한국 슈퍼에는 역시 원하는 모든 재료가 있는 편이다. 세계 어느 나라를 가든지 한국마트는 있다. 먹는 것에 있어서는 해외 살이가 그렇게 힘든 일이 아니게 되었다. 한 가지 필리핀이지만 한국 물가이기 때문에 현지 물가 보다 좀 비싼 편이란 점이 있지만, 한국 생각하면 크게 가격 차이가 나는 것은 아니다. 한국 슈퍼가 여러 개 있지만 가장 편하게 이용하고 있는 슈퍼에서 칼국수를 사고, 호박을 샀다. 조개는 현지 재래시장을 이용한다. 재래시장에는 각종 해산물이 많이 있다. 조개를 한 번에 많이 구매 해서 씻어서 일부 냉장고에 넣어두기도 한다. 잘 먹는 것이 남는 장사라는 생각으로, 아이들에게 언제든 먹일 수 있는 음식 재료들을 냉장고에 보관하거나, 가까운 마트를 이용해서 재료를 산다.

글쓰기 할 때도 재료확보가 필요하다. 요리를 할 때 만들어 먹을 음식을 정했다면 그것을 만들 재료를 구하기 위해 장을 보러 가듯이 글쓰기도 제목이 정해졌다면 중심키워드를 정하고 그 키워드와 관련된 글감을 찾으러 간다. 제목은 곧 내가 하고 싶은 말이라고 했다. 내가 전하고 싶은 핵심 메시지가 바로 제목이 된다. 제목에서 키워드는 본격적으로 나의 메시지를 써 내려가기 좀 더 수월하게 하기 위해서 정하는 것이다. 제목은 보통 하나의 문장으로 쓰이는데, 문장으로 글감을 찾기보다는 한 단어인 키워드를 가지고 글감을 찾기가 더 편하고 쉽다. 그래서 제목의 키워드를 중심으로 글감을 찾는 여행을 떠난다.

글이라는 것은 사례와 나의 메시지를 섞어서 쓰는 것이다. 사례 없이 메시지만 있어도 안 되고 사례만 있고 메시지가 없어도 난해한 글이 된다. 그렇기 때문에 글을 구성하는 가장 기본적인 글감은 나의 메시지와 사례이다. 사례는 나의 메시지를 증명하기 위한 것이고 메시지는 사례를 정리한 내가 하고픈 말이다. 최종적으로 메시지를 위해 사례도 필요하다고 말할 수 있다. 그렇기 때문에 메시지를 정한 이후에는 사례를 찾아 나서야 한다.

사례는 여러 곳에서 찾을 수 있다. 사례는 우리 주변의 모든 것들이 나의 메시지를 증명하는 사례로 사용할 수 있다. TV, 인터넷, 각종 책, 광고는 물론 나의 에피소드, 주변 다른 사람의 실제 이야기, 기타 등 다양하게 사례로 사용할 수 있다. 나를 중심으로 모든 것들이 나의 사례가 될 수 있는데, 그중에서 가장 적절한 한, 두 개 사례를 뽑아내는 것이 필요하다. 보통 서론에 하나, 본론에 2개 정도의 사례를 사용한다고 생각할 수 있고, 상황에 따라 다양하게 사례 수는 조정할 수 있다. 그리고 그 중간중간 나의 메시지를 넣어준다. 사례와 메시지를 잘 섞어 자연스럽게 연결되는 글이 되도록 하면 된다. 그야말로 시루떡 만들 때, 간 쌀과 팥을 한 칸씩 고르게 넣고 찌듯이 그렇게 글을 쓴다면 나의 메시지가 공감되는 글이 될 것이다.

만약 메시지만 있다면 어떻게 될까? 또 사례만 있으면 어떻게 될까? 정말 밥만 먹는 것과 같고, 또한 반찬만 먹는 것과 같을 것이다. 밥만 먹으면 쉽게 질려버릴 것이고 반찬만 먹는 식사도 상상할 수 없다. 사례와 메시지는 글에서 꼭 들어간다고 생각하면 맞다. 사례도 없이 너무 자신의 주장, 메시지만 강조한다면 공감되지도 않고 고집스러워 보이는 글이 된다. 작가 자신의 말이 다 옳은 듯이 주장만 있는 글이 되는 것이다. 그러므로 나의 메시지에 사례는 반드시 들어가야 한다. 사례가 있어야 쓰기도 쉽다는 사실도 인지해야 한다. 메시지로만 쓰면 1장 채우기도 힘든 것을 사례를 좀 길게 쓰고 메시지 간단히 정리해서 적어주면 A4 2장도 금방 채울 수 있다.

사례 중에 제일 좋은 것은 자신의 이야기이다. 자신의 경험이야기를 적어주면 정말 좋은 사례가 된다. 다른 곳에서 얻은 정보와 자료로는 깊은 스토리를 적을 수 없다. 자신의 이야기는 자신의 경험이기 때문에 세세하고 다양한 면을 쓸 수 있다. 그래서 사례는 다른 자료 없이 자신의 경험과 노하우로만 다 채워도 된다. 즉, A4 2장을 쓴다고 했을 때, 3개 정도 사례를 사용한다면, 그 3개를 다 자신의 경험이나 일상을 사례로 사용해도 된다는 것이다. 특히 인생 첫 책을 쓰는 사람일 경우 다른 곳에서 사례를 찾는다고 시간을 뺏길 필요가 없다. 다른 자료는 찾는 자체도 쉽지 않게 느껴진다. 그래서 자신의 이야기로 다 채우는 것이 좋다. 다른 곳에서 사례를 찾는 것은 글쓰기가 좀 익숙해진 다음, 책 1~2권 정도 출간한 이후부터 하면 된다. 나의 이야기는 아니지만, 꼭 사용하고 싶고, 제목에 적절한 자료일 경우에는 그것을 사례로 가져와서 사용해도 좋다. 하지만 처음에는 일부러 다른 곳을 찾아 사례 찾는다고 방황하지 말기를 바란다.

나의 이야기를 사례로 찾을 때는 나의 기억을 나누어서 생각하면 좋다. 나의 경험들은 얼마든지 사례로 가지고 올 수 있다. 하지만 쓰려는 제목에 적절한 사례여야 한다. 예를 들어 키워드가 책 쓰기인데 사례로 내가 과거 곰으로 놀러 가서 즐거웠던 사례를 가지고 올 수는 없다. 그래서 키워드와 관련된 사례를 우선 여러 개 생각해본다. 그것을 간단히 메모해보아도 좋다. 책 쓰기가 키워드일 경우 인생 첫 책 쓸 때 힘들었던 점, 어떻게 책 쓰기를 완성할 수 있었는지, 책 쓰기를 성공할 수 있는 마음의 자세, 구체적 실천 방법에 대한 나의 경험을 기억을 나누어서 정리한다. 이 중에서 내가 쓰고 싶은 사례를 선택하면 된다. 책 쓰기 경험중 독자에게 도움이 될 만한 나의 경험의 단편을 뽑아서 사례로 가져오는 것이다.

나의 이야기가 사례로 사용되는데, 우선은 최근 경험을 사례로 사용해

라. 최근 사례가 가장 기억에 생생하다. 그래서 더 리얼하고 재미있게 이야기를 풀어서 쓸 수 있다. 과거로 갈수록 기억은 희미해진다. 나의 메시지와 관련된 최근 사례를 먼저 찾아보고 적합한 것이 있다면 최근 나의 경험을 사례로 가져오는 것이 가장 좋다. 만약 사례로 쓸 적합한 최근 사례가 없다면 과거로 가서 현재로 훑어 내려오면서 생각해본다. 과거이지만 나의 메시지와 적합한 나의 경험이 있다면 그것이 내가 사용할 사례가 된다. 또한 사례는 소소한 일상 이야기부터 아주 특별한 사건 사고까지 다양하다. 적절하게 잘 배합 시켜 나의 메시지를 잘 전달하면 된다. 사례의 목적은 나의 메시지를 공감하도록 만들고 더 잘 이해할 수 있도록 하는 목적이 가장 크다는 점을 기억하자.

메시지와 사례를 겹겹이 쓰는 것이 바로 글쓰기이다. 나의 메시지는 글의 제목이기도 하다. 그 메시지를 증명하고 더 잘 이해시키기 위해 사례라는 것을 가지고 와서 함께 적어준다. 글에서 사례 없는 글과 메시지 없는 글은 있을 수가 없다. 사례는 다양하게 존재하는데, 그중에서 나의 이야기를 사례로 사용하는 것이 가장 좋다. 특히 글쓰기를 이제 시작하려는 사람에게 특히 더 그렇다. 사례로 쓸 자신의 기억을 나누어서 메시지에 가장 적합한 경험을 찾아내자. 현재, 과거 경험 이야기들이 모두 나의 메시지를 더 잘 공감하게 하는 근거자료가 될 것이다. 특히 최근 경험일수록 기억이 잘되어 더 사실적으로 쓸 수 있다. 현재 기억이 없다면 과거 기억을 더듬어 사용할 사례들을 찾아보자. 당신의 현재, 과거 경험 이야기를 활용해서 메시지를 잘 전달하고 동기 부여할 수 있는 좋은 글을 쓸 수 있기를 바란다.

서론 쓰는 법, 가벼운 나의 일화 + 나의 메시지이다

잘 가르치는 튜터의 특징이 있다. 현재 필리핀 세부에서 세부 살이를 하고 있는데, 아이들 뒤떨어지는 공부를 위해 현지 튜터를 고용했다. 튜터는 가정방문 교사라고 할 수 있다. 대부분의 교민이나, 잠시 세부 살이를 하는 가정에서도 아이들을 위해 튜터를 대부분 고용하고 있다. 튜터를 고용하는 이유는 아무래도 학교 교육이 영어로 진행되다 보니, 아이들이 학교 수업을 잘 따라가게 하기 위해서이다. 그동안, 튜터를 3번 정도 바꾸었다. 튜터를 바꾸는 이유는 튜터에게 문제가 있어서라기보다, 아이들과 너무 친할 경우, 공부가 제대로 안 되기 때문에 한 번씩 바꾸어 주는 것이다. 물론 아닌 경우도 있지만, 우리는 그런 이유로 바꾸게 되었다. 지금 튜터는 수업을 시작할 때 우선 가벼운 대화로 시작한다.

"정아 오늘 학교 어땠어?"

"친구들과 잘 지냈어?"

지금 튜터는 가볍게 아이들의 학교생활에 관해서 이야기를 나누고 공부를 시작한다. 학교생활에 관해서 물어보면 아이들은 신나게 이야기를 한다. 학교에서 친한 친구 이야기, 싫어하는 친구 이야기, 선생님 이야기, 등, 아이들은 세세한 것까지 말한다. 그럴 때 튜터는 든든한 상담가의 역할을 해준다. 문제가 있다면 그 문제를 어떻게 풀어야 하는지, 아이 수준에 맞게 알려준다. 친한 친구이야기일 때는 친한 친구가 있어서 행복하겠다고 말하면서 친구들과 계속 잘 지내는 방법에 관해서도 이야기해준다. 선생님 관련 문제일 경우에는 선생님께 전화해서 대신 아이의 마음을 알려주겠다고 아이를 위로하기도 한다. 아이는 든든한 지원군을 만난 듯 아주 기분 좋아진다.

기분이 좋아진 아이는 튜터가 가르치는 영어 공부도 좀 더 편안하고 쉽게 받아들인다. 그렇게 즐거우면서도 유익한 튜터 시간을 만든다. 잘 가르치는 튜터는 시작을 아이들이 좋아하는 이야기로 말문을 열게 하고 부드럽게 공부로 유인하면서 즐거운 공부 시간이 되게 한다는 것이 다르다.

글쓰기를 할 때도 이런 작전이 필요하다. 서론을 가볍게 시작하는 것이다. 서론부터 복잡해 보이고 어렵게 느껴진다면 읽고 싶은 마음이 사라진다. 그렇게 되면 그 글은 읽히지 않는 글이 될 수 있다. 읽히기 위해 쓴 글이 외면당할 수 있다는 것이다. 그래도 이왕이면 내가 쓴 글이 많은 사람한테 읽혀서, 나의 메시지로 사람들이 조금이라도 도움을 받고 동기부여되어 삶이 변화되는 원동력이 되기를 바란다. 그러려면 서론은 무조건 쉽게 읽을 수 있도록 가벼운 이야기, 부담 없는 이야기, 호기심이 생기는 이야기로 시작해야겠다.

　서론을 쓰는 방법으로 나는 몇 가지를 패턴화했다. 첫 번째는 한 문단으로 쓰는 것, 두 번째로는 2문단으로 쓰는 것, 세 번째로는 세 문단으로 쓰는 것이다. 전체 분량이 A4 2장에서 2장 반이기 때문에 전체적으로 서론 쓰는 분량이 어느 정도 정해진다. 서론으로 A4 한 장을 다 채울 수는 없고, 서론만으로도 다 쓸 수 없기 때문이다. 그래서 보통 서론은 A4 1/2장에서 가끔 많으면 2/3장 정도를 채운다고 생각하면 된다. 대부분, 1/2장 정도로 채우는데 된다. 한 문단으로 쓸 때는 그 문단 안에 나의 일화와 쓰려는 메시지를 같이 넣어준다. 2문단일 경우에는 1문단은 나의 일화를 넣고 1문단은 그 일화와 관련해서 내가 하고 싶은 나의 메시지를 쓴다. 3문단일 경우에는 여기에서도 서론-본론-결론 형식으로 쓰면 된다. 서론 안에서도 3문단이니, 서론, 본론, 결론으로 쓰는 것이다. 대신 너무 길지 않게 쓰면 되겠다.

　서론 쓰기 할 때 2문단이 가장 적절하다. 한 문단은 자신의 일화를 적어주고 또 다른 문단은 그 일화의 메시지를 적어준다. 이 메시지는 본론에 나올 글을 암시한다. 이 방법이 가장 무난하고 보기에도 좋다. 사실, 처음 쓰는 문단에서 메시지와 연관된 다양한 사례를 활용할 수 있다. 나의 이야기만 사용할 수 있는 것이 아니다. 하지만 사례를 찾는 것은 범위가 광범위한 만큼 그만큼 더 복잡하게 느껴진다. 선택지가 넓을수록 고민이 더 되는 것과 같다. 그래서 글쓰기 이제 처음 하는 사람이라면 광범위한 모래사장에서 내가 쓰려는 제목에 맞는 사례를 찾으려고 고생하지 말고, 자신의 내부에서 찾으면 되겠다. 자신의 일상, 과거 이야기를 사례로 활용하고 좀 더 글쓰기 익숙해지고 만만해지면 그때 나의 이야기뿐 아니라 다양한 사례를 활용하면 좋을 것이다.

서론을 메시지 문단으로 먼저 시작한다면 서론은 3문단으로 만들면 좋다. 메시지 문단이란 내가 쓰려는 메시지가 주로 들어가 있는 문단을 말한다. 이 메시지 문단을 먼저 쓰고 나의 일화가 들어간 문단을 그 뒤에 쓴다면 그다음에 문단 하나를 더 적어주면 자연스럽다. 즉, 일화 문단 다음에 일화의 의미가 무엇인지 풀어주는 문단을 다시 넣어주는 것이다. 이것은 나의 메시지와 연결해서 쓴다. 즉, 서론 안에서 서론-본론-결론의 형식으로 3개의 문단으로 나누어서 쓴다는 것이다.

나의 소소한 일화는 일상 생활 이야기이다. 일화는 타깃 독자가 충분히 공감할 수 있는 일화를 들면 좋다. 만약 타깃 독자가 직장 맘이라면, 쉽게 공감하는 아이들 케어 부분의 에피소드를 가지고 와서 이야기하면 관심 집중이 된다. 예를 들어서 앞의 소제목 중에 'A4 2장 쓰기, 가장 큰 장애물 하나를 찾아라.', 라는 것이 있다. 나는 일화로 아이들이 매일 저녁 샤워를 해야 하는데 그것이 잘 안 되는 이야기를 했다. 샤워는 현재 우리가 사는 곳이 더운 나라, 필리핀이기 때문에 더욱 중요하다. 그런데, 아이들이 TV 보느라고 샤워를 못 하고 그냥 자는 경우가 있게 된다. 샤워하는데, 가장 큰 장애물은 TV라는 점을 이야기하면서 아이들 TV도 보면서 샤워도 할 수 있게끔, TV 켜기 전에 샤워하기를 원칙으로 세운 이야기를 썼다. 특별할 것 없는 일상적인 이야기이지만 쉽게 읽히고 이해할 수 있어, 읽는 사람에게 부담이 없을 수 있다. 이런 일화로 서론을 시작하면 읽기 시작하기가 쉽고 직장 맘이기 때문에 공감이 잘 된다.

나의 소소한 일화를 찾을 때는 나를 중심으로 한다는 원칙이 있다. 글감을 찾을 때 나는 내 머리를 스크린한다는 생각으로 훑는다. 소소한 일화일 경우에는 너무 멀리까지 가지 않는다. 즉, 최근 일상 이야기 중에서 찾으려고 한다. 과거로 갈수록 일상은 잘 기억이 안 난다. 그래서 현재 있는 시점에서 가장 가까운 일화를 찾는다. 어떤 작가는 카페에서 글을 썼는데, 그날은 8꼭지, 즉, 한 꼭지 A4 2장이라고 했을 때 A4 16장을 썼다고 한다. 카페에서 옆 손님의 이야기를 글감으로 활용하기도 하고, 카페로 들어오는 멋진 사람을 보고도 아이디어를 얻기도 했다고 한다. 자신이 현재 있는 위치에서 다양하게 글감을 얻어, 소소한 이야기들을 쓸 수 있는 것이다. 자신을 기준으로 주변 환경에서 얻는 글감으로 가볍게 쓰기 시작하면서 본론으로 들어가면 되는 것이다.

글쓰기에서도 서론 쓰기가 좀 어렵게 느껴진다. 말을 할 때도 첫 말을 떼기가 힘들 때가 많다. 그것처럼 어떤 말로 시작할 것인지 글 쓸 때 고민된다. 처음 쓰는 서론 부분, 깊이 고민하지 말고 제목의 키워드와 관련된 최근 일상의 이야기를 하나 떼어내서 가볍게 옆집 사람한테 이야기하듯 써라. 나의 소소한 일상을 적고, 그 다음 문단으로 그 소소한 일상의 의미를 한번 짚어주는 식으로 서론을 쓰면 된다. 소소한 일상 이야기는 읽는 사람이 부담 없이 읽기 시작하게끔 하는 마력이 있다. 호기심 발동, 기대의 심리가 생기게 하는 것이 일상이야기이다. 서론 쓰기는 바로 이런 나의 일상으로 시작하는 것이다. 거창하게 쓰려고 하면 안 된다. 거창하게 쓰는 순간, 나도 힘들고 읽는 사람도 힘들게 된다. 서론은 가볍게 쓰기, 나의 소소한 일상 이야기와 메시지로 서론쓰기 한다는 것, 잊지 말자.

본론 쓰는 법, 특별한 나의 일화 + 나의 메시지이다

본론 없이 흐지부지한 말은 앙꼬 없는 붕어빵과 같다. 머리와 꼬리만 있는 말을 하는 경우가 있다. 말을 시작했지만, 본론이 없는 말일 경우, 듣는 사람은 풍선에 바람 빠지는 허탈감을 느낀다. 뭔가를 얻기 위해 끝까지 노력했으나 아무런 결과가 없는 듯한 기분이 든다. 다음에 그 사람이 말하는 이야기는 잘 안 듣게 된다.

가끔 아들은 이런 말을 한다.

" 엄마, 있잖아……. 친구, 빈셋이 말이야 오늘 울었어."
" 그래?, 왜 울었어?"
" 몰라, 자세한 것은 모르겠지만 울었어."

이런 대화가 주를 이룬다. 물론 이런 대화도 없는 것보다는 낫지만 뭔가 조금은 아쉽다. 그래서 초등학생 아들에게 나는 이야기를 한다.

"수홍아, 빈셋이 왜 울었는지?, 그것에 대해서 너는 어떻게 생각하는지? 엄마는 좀 궁금하다."

말이라는 것이 단지 정보제공 외에도 감정교류의 수단이 되면 금상첨화가 된다. 사실만의 전달은 대화의 재미를 감한다. 정보제공에다가 자기 생각이 들어가야 재미는 물론 공감대도 형성되게 된다. 뉴스와 토크쇼를 예를 든다면, 뉴스는 다소 딱딱한 감이 있고 토크 쇼 같은 경우에는 말하는 사람의 생각이나 감정이 들어가기 때문에 재미있는 것이다. 말도 토크 쇼와 같이 할 수 있으면 좋다. 있는 사실 그대로 전달하는 것에 자기 생각이나 느낀 점을 추가한다면 듣는 사람은 말하는 사람의 의도와 기분을 느낄 수 있어 만족스러운 대화라 느끼게 될 것이다.

글도 마찬가지이다. 글을 쓸 때 제대로 할 말을 이어서 써야 한다. 이것이 바로 본론이다. 서론만 있거나 서론과 결론만 있는 듯한 글은 아쉬움이 남게 된다. 본론에 자신의 메시지와 그 메시지를 잘 설명해주는 근거 자료를 제시하면 되겠다. 사실 본론이 A4 2장 쓰기에서 가장 넓은 부위를 차지한다. 항상 본론을 가장 길게 쓰게 되는 것이다. 서론 1/4, 본론 2/4, 결론 1/4 정도로 채우게 된다. 1:2:1의 분량으로 쓰면 된다.

본론을 쓸 때도 일화가 필요하다. 지금은 A4 2장 쓰는 연습을 하는 단계이기 때문에 가장 기본적인 방법을 몸에 숙달한다고 생각하자. 서론을 쓰듯이, 본론도 나의 일화를 사용해서 글을 쓴다. 나의 일화+나의 메시지식으로 이것을 2개의 세트로 만들어 본론을 채우게 된다. 즉, 일화 1+메시지 1, 일화 2+메시지 2 요렇게 본론을 채운다.

서론이 가볍고 소소한 일화를 사용한다면 본론은 그것보다 좀 더 특별한 일화를 사용한다고 생각하자. 서론은 내가 쓰는 A4 2장의 시작 부분이다. 그래서 시작은 가볍고 부담 없이 읽기 시작할 수 있도록 하기 위해 소소하고 가벼운 일화를 중심으로 시작한다고 했다. 너무 무거우면 읽기 자체가 힘들어지기 때문이다. 본론 또한 다른 사례보다는 나의 사례를 가져오는데, 이것 또한 나의 사례가 가장 쓰기 쉽고, 읽기에도 호기심을 유발하기 때문이다. 나의 일화 자체가 어떤 사례를 사용하는 것보다 쓰는 입장에서, 특히 이제 막 글쓰기를 체화하려는 사람에게는 최고의 사례가 된다. 즉, 나의 경험한 일화들이 사례로는 최고라는 의미이다. 그래서 본론도 역시 다른 사례가 아닌 나의 사례, 즉 나의 일화, 나의 경험 이야기를 가져다가 활용하게 된다. 그렇다면 서론의 일화와 본론의 일화를 조금은 다르게 선택하게 되는데, 본론의 일화는 서론보다는 조금 더 특별한 일화를 가져오는 것이다.

글 쓰는 사람의 일화 자체만으로도 읽는 사람들에게 동기부여와 감동을 줄 수 있다. 글 쓰는 사람의 메시지와 이 메시지를 증명하는 다양한 근거 자료가 잘 버무려져 A4 2장을 채운다고 앞에서 이야기했다. 다양한 근거 자료 중에 글쓰기 초보자인 경우는 주로 자기 이야기, 즉 자기의 경험과 노하우를 활용한다고 했다. 글의 제목에 따라 자신의 수많은 경험 중에서 특별히 그 제목과 가장 연관이 깊은 경험을 선택하게 한다. 예를 들어 '세부 살이 정착 이야기'가 글의 제목이라면 나의 현재 세부 살이 정착 경험을 가지고 와서 글을 쓰고 그것과 관련된 내 생각, 주장을 적어주면 된다. 나의 세부 정착 경험 자체가 어떤 근거 자료보다 더 신빙성 있으며 호기심을 유발하고 제대로 동기부여 하는 글이 되게 한다. 나의 경험은 멋진 나의 메시지를 위한 근거자료로써 손색이 없다. 그렇기 때문에 자신의 경험과 노하우로 글을 쓰라고 다시 강조하고 싶다.

본론에 쓸 특별한 일화라면 어떤 것일까? 어떤 경험과 노하우를 가져와서 글을 써야 할 것인가? 여기에서 생각해야 할 것은 내가 아닌 다른 사람이 읽을 글을 쓰는 것이기 때문에 읽는 사람의 입장을 생각해서 일화를 선택하면 좋을 것이다. 자신의 감정에 빠져서 자기중심적으로 글을 쓰면 읽는 사람이 재미없게 느낄 수 있다. 별로 의미를 찾을 수 없다. 그래서 내가 글의 재료로 가져오는 일화들도 읽는 사람의 관점에서 좋아하고 의미가 있을 가치 있는 것을 찾아오면 되겠다. 특히 본론의 나의 일화라면 좀 더 강한 느낌을 주고 특별한 경험의 것들을 가지고 와야 한다. 다음과 같은 점을 고려해서 독자 중심으로 나의 경험과 노하우를 떼어서 가져오자.

첫째는 읽으면서 실제적인 도움이 되는 일화

주로 자기계발서가 당장 실천할 수 있는 내용을 많이 담는다. 혹자는 그래서 자기계발서를 싫어한다고 이야기한다. 하지만 당장 삶의 변화를 원한다고 생각해보자. 먼저 경험을 한 그 사람의 그 행동이 가장 적절하게 삶을 변화시키는 행동들일 수 있다. 그래서 나는 다른 분야의 책을 읽더라도 자기계발서 같은 실제적이고 당장 실천할 수 있는 책들도 읽으라고 권하고 있다. 글을 쓸 때도 실제적인 도움이 되는 나의 경험을 많이 넣어주는 것이 필요하다. 실제 경험이기 때문에 읽는 사람에게 실제적인 도움이 된다는 점에서 매우 호기심을 유발하게 된다.

둘째는 읽으면서 재미를 느낄 수 있는 일화

재미를 느끼는 일화라면 평상시 내가 경험하지 못한 일화, 이 사람만이 쓸 수 있는 경험의 이야기들일 경우 읽는 사람은 재미를 느낀다. 제목과 관련된 자신만의 특별한 경험과 노하우가 있다면 그것은 본론에 쓸 일화가 된다.

셋째, 읽으면서 감동이 일고 두고두고 여운이 남는 일화

잔잔한 여운이 남는 일화도 있다. 여운이 남는 일화들은 읽고 나서도 푸근하고 따뜻한 느낌을 간직하게 한다. 그런 경험은 모두 활용해도 좋을 아주 임팩트한 일화가 되겠다.

나의 특별한 경험들은 멋진 글의 재료가 된다. 지나온 경험들, 현재 겪고 있는 경험들을 생각하고 정리하면서 새롭게 재창조한다. 글 쓰는 과정을 통해서 내가 살아온 시간을 되돌아보고 글감이 될 것들을 찾게 된다. 찾는 만큼 찾게 되고 옥석 같은 나의 경험과 노하우는 최고의 임팩트 있는 글감이 될 것이다.

이런 멋진 나의 경험과 노하우가 녹아 있는 일화를 가져와서 쓰고 그 다음 문단으로 나의 메시지를 적어준다. 일화를 가져와서 적는 이유는 내가 하고 싶은 메시지를 말하기 위해서라는 것을 잊지 말자. 나의 특별한 일화, 혹은 사례+나의 메시지, 2세트로 본론을 채우면 된다. 이것이 숙달되도록 매일 쓰는 연습을 하자.

본론 쓰는 법도 서론 쓰는 법과 비슷하다. 글쓰기 방법은 자신의 메시지와 메시지의 근거가 되는 것들을 가지고 와서 잘 어울려지게 쓰는 것이다. 자신의 메시지만 있는 글이거나 근거자료만 있는 글은 부자연스러운 글이 된다. 메시지와 근거자료가 한 세트가 되어 서론에 한 세트, 본론에 2세트로 쓰면 된다. 본론에서 메시지+근거자료, 2세트를 만드는데, 근거자료로는 자신의 경험과 노하우를 가지고 와서 쓰는데, 이것이 최고의 사례가 된다. 독자는 작가의 사례에 관심을 가진다. 글쓰기를 익히는 첫 시기에는 더욱 자신의 경험과 노하우를 활용해야 한다. 나의 경험과 노하우를 너무 사사로운 것으로 생각하지 마라. 본론 쓰는 법, 서론 쓰는 법과 같게 하되, 나의 일화 +나의 메시지, 2세트를 가지고 오고, 나의 일화는 서론보다는 좀 더 특별하고 임팩트한 것을 가져온다는 것, 기억하자.

결론 쓰는 법, 다른 표현으로 한 번 더 강조해라

코로나바이러스 때문에 아이들 학교 갔다 오면 무조건 손 씻기를 시킨다. 중국에서 시작한 코로나바이러스가 전 세계로 확산하고 있다. 현재 세부 살이를 하는 나는 전 세계 확산 기미를 뉴스로 접하고 개인위생에 특히 조심하고 있다. 우선, 사람이 많은 곳의 출입은 될 수 있으면 자제하려고 한다. 세부에서 페소 조달 방법으로 세부에 있는 대형 몰 근처의 씨티은행을 이용하는데, 그곳도 안 나가고 있다. 돈 찾으러 가면서 대형 몰을 들려 아이들이 좋아하는 음식을 사주고 함께 먹고 오곤 했었는데, 지금 그것도 참는 중이다. 또한 아이들, 학교 갔다 오면 얼굴, 손, 발 씻기를 강조한다. 학교에서도 쉬는 시간마다 손을 씻거나, 알코올 수로 손을 닦으라고 교육한다. 집에 돌아오면 씻어야 하는데, 아이들 학교 갔다 와서 놀기 바빠서 손 씻는 것을 자주 잊어버린다.

"애들아, 손 씻어야지, 지금 전염병이 돌고 있어서 손 잘 씻어야 해."

"응, 알았어."

"코로나바이러스 확산을 예방하기 위해서는 손 씻는 것만큼 좋은 것도 없어. 내가 만나는 누군가가 이미 감염이 된 사람일 수도 있어, 그렇기 때문에 자주 씻어야 하는 거야~"

이야기하다 보면 길게 이야기하게 된다. 하지만 아이들은 제대로 듣는지 안 듣는지, 고개만 끄떡이고 있다. 예방이 중요한 시점이기에 어제는 아이들에게 확인 질문을 했다. 왜 손을 씻어야 하는 거지?, 응, 병 안 걸리려고, 라고 아주 간단히 말한다. 대답은 잘했다. 하지만 거기까지이다. 더 중요한 핵심 내용은 모른다. 알려고 하지도 않는다. 나는 아이들에게 병이 안 걸리기 위해 어떻게 해야 하는지 다시 설명했다. 첫째, 사람들과 너무 가까이 접촉하지 말기, 둘째, 마스크 착용하기 셋째, 쉬는 시간에 손 자주 씻기, 넷째, 감기 증상이 조금이라도 있으면 바로 이야기하기. 요렇게 한 번 더 주의사항 짚어주면 그래도 아이들이 지키려고 노력한다.

글쓰기에서도 마찬가지로 긴 글을 쓰고 난 뒤 핵심을 한 번 더 정리해 주어야 한다. 보통 본론에서는 긴 글을 쓰게 된다. 서론에서 간단히 내가 쓸 메시지에 대해서 언급을 한다. 주로 처음 글쓰기를 하는 사람이라면 자신의 경험을 찾아서 사례를 넣고 쓸 메시지를 언급한다. 이것은 2문단 정도로 A4 2장이라면 1/3 분량 정도 쓰면 된다. 그리고 본론에서 나의 쓸 메시지에 대한 근거 자료를 길게 쓰게 된다. 나의 과거, 현재 경험중 제목과 관련된 것을 선택해서 그 부분만 떼어내서 길게 적게 된다. 길게 적을 때는 3문단, 4문단까지도 적는다. 그렇게 쓰면 보통 본론 부분에, 사례 2개 정도를 넣는다고 했을 때, 사례 하나만 넣어도 양을 다 채우게 된다. 나의 경험을 사례로 길게 적고 나서, 마지막에 그것에 대한 의미를 다시 적어준다. 기억해야 할 부분은 나의 경험과 노하우를 사례로 사용하고 난 뒤 반드시 그것에 대한 의미, 가치를 한 문단으로 해서 적어 주라는 것이다. 사례하나에 의미 한 문단을 적게 되니, 긴 사례 같은 경우 4문단까지 되며 의미 문단까지 5문단이 된다. 여기에서 이 의미 문단이 바로 그 사례의 핵심 메시지가 되는 것이다.

사실 어떤 글을 쓰더라도, 마지막 한 문단이 중요하다. 왜냐하면 사람들은 장황하게 긴 글을 잘 기억하지 못한다. 책 한 권을 읽고도 기억나는 것이 없는 것과 같다. 이럴 때 기억하는 독서법으로 추천할 수 있는 것은 긴 글을 읽으면서 핵심 문장 3개를 정리하는 것이다. 사실 주옥같은 문구들이 많을 것이다. 대대손손 유산처럼 내려주고 싶은 명언들도 많다. 하지만 읽을 때뿐이다. 하루만 지나도 기억을 못 한다. 어쩌면 읽고 기억한다는 자체가 불가능한지도 모르겠다. 최대한 기억하기 위한 방법만이 필요하다. 독서 후, 최대한 기억하기 위해 책을 읽고 난 후 핵심 문장 3개 정도 뽑아내서 책 앞쪽 여백 페이지에다가 기록해 두고 재독할 때 반복하는 것이다. 아무리 의미 있고 재미있는 이야기라도 돌아서면 잊어버리는데, 이렇게 해두면, 좀 더 잘 기억하게 된다. 글을 쓸 때도 비슷한 방법으로 결론부분에서 앞에서 한 내용에 대해 다시 언급해준다. 나의 메시지를 기억하게 하고 잔상이 남을 수 있도록 결론 부분을 작성함이 필요하다.

A4 2장 분량을 쓰고 나서 결론 부분에 핵심메시지를 다시 강조한다.

앞에서 이야기했듯이, 본론에서 긴 글을 읽고 나서 뭔가 마무리되는 글을 결론 부분에 적어주어야 한다. 그래야 서론과 본론이 다시 제대로 살아난다. 결론이 없다면 용의 머리만 있고 꼬리가 없는 글이 된다. 화장실 가서 마무리가 제대로 되지 않은 듯, 찝찝한 기분을 느끼는 것은 바로 결론이 없거나 결론이 부실할 때이다.

　그렇다면 결론은 어떻게 쓰면 될까?, 잊지 말아야 할 것은 핵심메시지를 다시 강조하고 마무리하는 문단이 결론이다, 라는 것이다. 이런 부분을 고려하면서 A4 2장 쓰기에 익숙하지 않은 사람이 따라 할 수 있는 결론 쓰는 방법은 다음과 같다.

　첫째, 결론 너무 길게 쓰지 않아도 된다.

　본론을 뺀, 서론과 결론을 비슷한 분량으로 쓰면 된다. 서론, 본론, 결론을 1/4, 2/4, 1/4 분량의 개념으로 머리에 저장하자. 글쓰기 초보자일 경우 주로 대분수 글을 많이 쓴다. 서론을 길게, 본론을 서론과 같이, 결론은 흐지부지 상황의 글을 말한다. 이왕이면 보기에도 좋으면 읽기에도 편하고 뭔가 딱 정리된 느낌이 들어서 읽으면서 기분도 좋다. 그래서 서론, 본론, 결론의 분량은 대략적으로도 맞추면 좋다. 결론을 너무 길게 쓰면 인사하고 나가야 할 사람이 발하나 안에 걸치고 작별 인사만 계속하는 상황과 비슷하다고 할 수 있다. 마지막 내가 할 말을 굵직하게 한 마디하고 인사하고 나가면 멋진 글이 될 것이다.

　둘째, 제목에 있는 핵심 키워드를 활용해 다른 표현으로 강조해라

　결론은 제목하고 매칭이 맞으면 된다. 제목과 자연스럽게 조화되면 서

론, 본론이 조금 부실하더라도 개운한 느낌의 글이 되는 것이다. 결론 쓰기가 좀 어렵게 느껴지는 경우가 있다. 그래서 나도 초창기 책 쓰기 할 때 서론, 본론까지 써두고 결론 부분은 나중에 쓴 경우가 종종 있었다. 결론 쉽게 쓰는 방법은 제목의 키워드를 활용해서 제목을 조금 틀어서 다른 표현으로 적어주거나 제목을 그대로 가져와 첫 문장으로 적어주고 시작하면 된다. 아니면 결론 문단의 마지막 문장에서 제목의 핵심키워드를 다르게 표현해도 된다. 어찌하였든 제목과 결론만 보아도 내용이 연결되게 마지막 문단에 나의 메시지를 임팩트 있게 넣어서 읽는 사람으로 하여금 나도 해보고 싶다는 마음이 동하도록 강조하면 좋을 것이다.

넷째, 명언으로 마무리하는 결론이 여운이 오래 남는다.

주로 자신의 과거, 현재 경험과 노하우를 주로 사례로 사용해서 메시지를 쓰라고 이야기했다. 모든 글을 그렇게 쓰더라도 그것 자체로 대단히 큰 의미가 있다. 나의 경험은 그 누구도 하지 않은 경험이고 메시지이기 때문이다. 충분히 자신감을 가져도 된다. 다만 가끔씩 자신이 좋아하는 명언이나 책을 읽다가 알게 된 명언 같은 경우 결론부분에 넣어주면 오랫동안 여운 있는 글이 될 것이다. 자신의 이야기와 자신의 메시지로 다 채우되, 가끔 결론 부분에서 명언으로 마무리하면 색다르면서 기억에 남는 글이 된다.

결론 쓰는 법에서 기억할 것은 나의 메시지를 재강조한다는 것이다. 내가 말하고 싶은 것을 결론에서 다시 반복하는 것이다. 글을 쓰는 목적은 다들 비슷하다. 자기생각과 메시지를 합당한 근거자료를 제시하면서 사람들이 공감할 수 있도록 쓰는 것이다. 결국은 나의 메시지를 전달하기 위함인 것이다. 메시지의 근거자료에만 집중하면 나의 경험과 노하우만 있는 글이 된다. 만약 다른 곳에서 근거자료를 찾아 활용했다면 역시 근거자료만 있는 글이 될 것이다. 중요한 것은 글을 쓰는 사람의 메시지이다. 그 메시지가 제대로 드러나지 않는다면 읽고도 무슨 말을 하려고 하는 것인가?, 라고 의문을 가질 수 있다. 그래서 항상 긴 사례의 이야기 후, 마지막에는 내가 하고자 하는 말을 다시 정리해주는 것이 필요한 것이다. A4 2장을 정리하고 내가 하고 싶은 말을 다시 다른 표현으로 강조하는 문단이 결론이란 점 마음에 담아두고, 멋지고 임팩트 있으면서 나의 메시지를 제대로 전달하는 결론을 쓰시기를 응원 드린다.

여러 개의 문단이 모여 A4 2장이 됨을 기억해라

초고 쓸 때, 한글 파일로 A4 110장 전후로 쓴다. 보통, A4 110장 정도 써야 책 한 권 분량이 되기 때문이다. 처음 책을 쓴다고 했을 때 이 분량을 언제 다 채울 수 있을까? 하고 심리적으로 위축되었다. A4 2장 채우기도 힘든 상황에서 A4 110장을 채워야 한다는 것은 불가능하다고까지 생각했다. 하지만 지금은 A4 110장 채우는 것을 한 달 이내에 완성한다. 그 비법은 바로 생각의 작은 차이 때문이다.

해야 할 최종결과물 대신 그것을 위해 오늘 해야 할 작은 일을 정한다. 나는 A4 110장이 아니라 A4 2장만 쓰면 된다고 생각하는 것이다. A4 110장은 A4 2장이 모여서 된 것이다. 처음부터 많은 양을 생각하면 사기가 떨어지고 의욕이 반감된다. 특히 익숙하지 않은 일일수록, 처음 하는 일일수록 더 그렇다. 그렇기 때문에 내가 자신 없고, 익숙하지 않은 일을 할 때는 그 일을 잘게 나누어서 생각하는 것이 필요하다. 단지 오늘 해야 할 한 걸음을 정하는 것이다. 오늘 그 일의 일부를 하면 하루하루 지나서 그 양은 차게 되어 있다. 이런 생각은 누구나 쉽게 할 수 있고 실천할 수 있다. 최종 결과물만을 생각하는 대신, 결과물이 달성되기 위해 해야 할 부분을 작게 나누어 하나씩 매일 한다면 못 이룰 일은 없다.

A4 2장 쓰기도 나누어서 쓴다고 생각해야 한다. 어떻게 나누느냐 하면 문단으로 나누는 것이다. A4 2장은 문단들로 이루어졌다. 문단 7개, 8개가 모여서 A4 2장을 채운다. 처음부터 A4 2장을 쓴다고 생각하면 막막하지만 문단 7, 8개를 쓴다고 생각하면 덜 막막하다. 한 문단은 대략 10줄 전후로 쓰면 된다. 짧게는 3줄에서 5줄 정도로 쓴다. 이렇게 문단을 쓸 수 있으면 A4 2장도 쓸 수 있다.

A4 2장 쓰기를 위해서 한 문단 쓰기를 연습하는 것이 좋다. 나는 첫 책을 쓸 때 문단에 대해서 아주 특별하게 생각하지 않았다. 그 구체적인 방법에 대해서도 고민해보지 않았다. 하지만 7권의 개인 저서를 내보니, 문단쓰기만 잘 되면 책 쓰기도 좀 더 수월해지겠구나 하는 생각이 든다. 그리고 문단 쓰기가 책 쓰기의 가장 기본이란 생각을 하게 되었다. A4 2장 쓰기에 있어서 한 문장 보다는 한 문단 쓰기가 더 중요하다는 것이다. 한 문장에는 한 개념의 의미를 전달할 수 있다. 하지만 한 문단은 내가 말하고 싶은 내용 전체를 쓸 수 있다는 점에서 A4 2장 쓰기에서 한 문단 쓰기가 중요하다는 것이다. 내가 하고 싶은 여러 마디가 모여서 A4 2장을 채우게 되는 것이기 때문이다.

한 문단 쓰기에서도 서론-본론-결론의 형식으로 쓴다. 서론-본론-결론 형식이 만능 툴이다. 쓰는 것에는 이것을 활용하면 크게 무리 없이 쓸 수 있다. 문단의 첫 문장에 그 문단의 핵심 문장을 적어준다. 이것이 서론에 해당한다. 그리고 2번째 문장에서부터 결론의 문장이 나오기 전까지 그 핵심문장의 근거자료가 되는 사례를 넣어주는 것이다. 결론 부분은 그 근거사례가 끝나고 첫째 문장을 다른 표현으로 다시 적어주는 것으로 생각하면 된다. 예를 들어서, 나는 된장찌개를 좋아한다. 왜냐하면 된장찌개는 구수하고 맛나기 때문이다. 그리고 건강에도 좋다. 그래서 나는 된장찌개와 밥 먹는 것을 아주 좋아한다. 이렇게 3문장으로 한 문단을 만들었다고 했을 때, 서론-본론-결론의 형식으로 쉽게 쓸 수 있게 된다. 중간 본론 부분 나의 핵심 메시지의 근거자료는 여러 개의 문장을 넣을 수 있다. 근거자료는 다양하게 사용할 수 있겠고, 글쓰기를 이제 하는 사람이라면 근거자료를 자신의 과거 경험을 가지고 와서 쓰는 것이 가장 좋다고 앞에서 이야기했다. 그 외, 다른 곳에서의 다양한 근거자료는 어느 정도 숙달된 다음 사용해도 된다.

한 문단 쓰기에 익숙해지는 것이 A4 2장 쓰기의 관건이다. 한 문단 쓰기가 익숙해지지 않는다면 시간이 지나도 글쓰기가 쉬워지지 않는다. 공부를 열심히 하지만 성적이 잘 안 나오고 공부가 점점 힘들어지는 것과 같다. 한 문단 쓰기가 A4 2장 쓰기에 핵심 부분이기 때문이다. 한 문단쓰기가 익숙해지면 더 큰 개념으로 A4 2장 쓰기도 같은 방식으로 쓰면 되기 때문에 글쓰기가 익숙해지고 점점 숙달되어진다. 한 문단쓰기, 서론-본론-결론형식으로 자꾸 연습한다는 생각으로 쓰자. 한 문단 쓰기를 할 때도 서론-본론-결론 형식으로 쓴다는 것을 염두에 두고 쓰길 바란다.

서론에 2문단, 본론에 4문단, 결론 1문단으로 맞추어 보자. 서론에 2문단으로 주로 쓰면 가장 무난하다. 물론 한 문단으로 서론을 쓰기도, 3문단으로 쓸 수 있다. 가끔씩 그렇게 쓰고 일반적으로 사용하기에는 2문단이 가장 무난할 수 있다. 서론 2문단 중 한 문단은 사례를 먼저 적어준다. 이때 사례는 나의 사례를 가져와서 가볍게 적어준다. 그리고 또 한 문단은 그 사례에 대한 의미를 적어준다. 이때, 서론 부분이기 때문에 내가 쓰려는 메시지와 연결해서 그 의미를 찾아서 적어준다. 이것이 곧 쓰려는 A4 2장의 글에서 핵심메시지가 되는 것이다. 본론에서도 같은 방식으로 쓰면 된다. 나의 사례 하나에 그 사례의 의미 한 문단, 또 다른 나의 사례 한 문단에 그것의 의미 한 문단, 해서 4문단으로 본론을 채운다. 간혹, 나의 사례를 길게 2~3문단으로 쓰고 마지막 그것의 의미 한 문단을 쓰기도 한다. 쓰면서 변화를 주면서 여러 패턴으로써 보는 것도 좋다. 우선은, 나의 핵심메시지에 필요한 글감, 나의 사례 2개를 선택해서, 사례 2문단, 그 의미 2문단, 그렇게 4문단으로 만들어 문단본론 쓰는 연습을 하자. 그리고 결론 부분은 1문단으로 만든다. 결론은 A4 2장의 마무리 부분이다. 그래서 한 문단으로 나의 핵심메시지를 다시 강조한다는 생각으로 쓰면 된다.

서론, 본론, 결론 각각 나누어서 연습해보자. 집중하기 위해서 나누어서 연습해보는 것도 좋다. 각각의 쓰는 방법이 조금은 다르기 때문에 제대로 집중해서 파악하기 위해 나누어서 연습하는 것도 필요하다. 책을 읽을 때도 이런 형식을 염두에 두고 읽으면 작가의 핵심을 빠르게 파악할 수 있다. 어떤 사람은 본론의 구체적 근거자료는 빼고 작가의 메시지가 들어가 있는 서론과 결론 부분 위주로 읽는 경우도 있다. 나에게 시간은 없고, 그 작가의 생각과 아이디어를 알고 싶을 때 본론을 빼고 서론과 결론만 읽는 독서 방법이 유용하다. 이런 읽기는 서론과 결론에 대부분 핵심메시지가 들어가 있기 때문에 이것을 아는 사람에 한해서 그렇게 읽을 수 있는 것이다. 자신이 써보면 이렇게 책을 읽어도 된다는 것을 알게 된다. 읽을 때도 서론, 본론, 결론 쓰기를 연습하게 된다. 쓸 때도 서론과 본론까지만 써두고 다른 일을 한다. 시간이 지난 다음에 결론 부분을 써보는 방법도 해보길 바란다. 물론 내가 쓴 부분을 약식으로 다시, 읽어보아야 하는 번거로움이 있기는 하지만, 그래도 결론 쓰기는 꼭지 제목과 흐름만 맞으면 되기 때문에 그 점 주안을 두고 쓰면 된다. 결론 쓰는 방법에 대해서 더 예민하게 생각하고 결론 쓰기에 집중할 수 있다.

여러 개의 문단이 모여 A4 2장이 된다는 것을 기억하자. 생각의 차이가 결과의 차이를 낸다고 했듯이, 내가 목표로 하는 A4 2장 쓰기를 어떻게 생각하느냐에 따라서 A4 2장 쓰기는 크게 문제 되지 않는 분량이고, 그렇게 어렵지 않은 양이 될 것이다. 나누어서 생각하면 쉽다. A4 2장은 문단으로 구성된다는 것을 알게 된다면 문단을 공략하자는 생각을 자연스럽게 하게 될 것이다. 더군다나 1문단 쓰기와 A4 2장 쓰기는 방식이 같다. 서론, 본론, 결론의 형식으로 문단을 쓰면 A4 2장 쓰기의 연습도 함께 되는 것이다. 평상시 문단 쓰기에 대해서 많이 생각해보자. 1문단을 쓸 때 본론의 쓰는 근거 자료의 수에 따라서 문단의 크기가 조절된다. A4 2장 쓰기에서 문단의 수는 그것에 의해 조절이 된다. 문단의 수는 7개 도 되고 8개 도 된다. 문단의 수는 자신의 취향에 따라 조절이 된다. 이렇게 여러 개의 문단이 모여 A4 2장을 채울 수 있다는 것을 인지하고 기억한다면 A4 2장 쓰기도 수월해질 것이다.

제5장

내가 쓴 책 1권으로
가슴 떨리는 삶을 산다

직장인의 삶으로 끝내기에는 인생이 아깝다

그동안 직장생활만 하고 살았던 것 같다. 졸업과 동시에 병원에 배치되어 옆길 돌아볼 새도 없이 일을 시작했다. 그저 주어진 일에 충실히 하려고 했고 내가 맡은 일을 최대한 잘하려고 노력하면서 살았다. 문제는 직장에서 퇴근한 후의 시간에도 직장 일을 생각한다는 것이었다. 완전한 퇴근이 불가했다. 주말은 주중 직장 일을 위한 휴식 시간이 되었다. 생각 자체를 그렇게 했기 때문에 퇴근 후, 혹은 주말에 특별한 무엇인가를 한다는 생각하지 않는다. 그저 직장 외의 남는 시간에 하는 것은 운동이나 취미생활 정도였다.

오로지 직장생활만 생각하고 살아온 시간이 지금은 조금 후회된다. 왜냐하면 직장생활 외, 내가 정말 하고 싶은 일을 찾아서 하는 것이 인생에서 긍정적인 효과와 가치가 있다는 것을 알게 되었기 때문이다. 가장 대표적인 긍정적인 효과는 내가 하고 싶은 일을 할 수 있는 것으로 인해 직장 생활의 또 다른 활력이 된다는 것이다. 직장이란 것이 아무리 편한 곳이라 해도 어려움이 있다. 혼자서 하는 일이 아닌 만큼 사람들 간의 조율이 많이 필요하다. 그런 상황 자체가 나름의 노하우가 필요한 것들이다. 스트레스 상황이 되는 경우도 많다. 퇴근 후 시간에 하고 싶은 것을 함으로써 직장에서 받은 스트레스를 감소시키는 효과가 있고, 또 다른 자기계발이 되는 것이다. 무엇보다 삶이 만족스럽고 즐겁게 될 것이다.

직장인의 삶으로만 살다가 저세상, 가고 싶지 않다는 생각을 뒤늦게 한다. 직장생활만 했었다. 퇴직한 후에 안타까운 마음이 스스로 들 때가 찾아올 수 있다. 퇴직 전, 내가 원하는 바를 했었더라면, 한 살이라도 일찍 그것을 찾아, 직장생활을 하면서라도 함께 했었더라면 하는 아쉬운 마음이 든다. 지금이라도 정말 하고 싶은 것을 찾아보아야겠다, 다짐한다.

세부에서 1년 살고 난 뒤 현재, 내가 가지는 아쉬움이 있다. 나는 2018년 9월부터 아이 둘과 함께 세부 살이를 했다. 이곳이 계절 변화가 없어서인지 시간이 더 빠르게 지나가는 것처럼 느껴진다. 아이들도 학교에 어느 정도 적응했고, 나도 이 나라에 적응이 어느 정도 되었다. 하지만 아쉬운 점이 있다. 그것은 아이들이 영어를 빨리 익힐 수 있도록 초창기에 좀 더 도와주었어야 했다는 점이다. 즉, 이 나라의 문화중의 하나인 상주 아떼를 사용해보지 않았다는 것이다.

처음부터 아이들에게 상주 튜터를 들여서 영어에 익숙하게 할 필요도 있다. 아이들이 알파벳도 모르고 왔지만, 나는 아이들이기에 학교 영어 수업이나 필리핀 아이들 간에 잘 적응하리라 생각했다. 하지만 아주 어린 나이가 아닌 이상 나름의 적응 기간이 필요하다. 나이가 어릴수록 적응은 빠르게 된다. 하지만 아이들은 초등학교 저학년이고, 한국말이 더 편안한 아이들이다. 그래서 영어 적응 기간이 필요하고, 그것을 빠르게 익히게 하기위해 가정에서 하는 튜터를 사용했어야 했다. 좀 더 집중적으로 매일 하는 것이 필요했다. 하지만 나는 튜터를 그렇게 신경을 써서 시키지는 않았다. 왜냐하면, 영어가 공부가 되게 하고 싶지 않아서였다. 하지만, 한편으로는 어느 정도 필요하다고 지금은 생각한다. 그래서 지금 드는 생각은 상주 튜터도 들였으면 좋았겠다는 생각을 한다. 상주 튜터를 들이면 학교에서뿐 아니라 집에서도 일상 언어로 영어를 접할 수 있기 때문이다. 상주 튜터란, 집에서 함께 거주하는 튜터를 말한다.

또 하나의 아쉽고 후회스러운 부분은 아떼를 사용해보지 않았다는 것이다. 아떼를 사용함으로써 그 시간에 좀 더 작업에 집중할 수 있었을 것이다. 그리고 또 하나, 사람을 관리해 보는 특별한 경험을 할 수도 있었다는 것이다. 사람을 관리하는 한국에서는 사장님이나 특별한 위치에 있지 않으면 할 수 없는 역할이다. 세부에 있는 동안은 가정주부도 아떼를 들이면 이런 경험을 할 수 있고, 이런 경험을 통해, 관리자의 마인드를 경험해 보고 사람의 마음도 이해하고 성장하는 기회를 가질 수 있게 된다.

나는 그동안 직장생활에 대해서도 마찬가지로 아쉬움을 가지고 있다. 책을 출간하고 나서 그런 생각이 들었다. 만약 직장생활도 하면서 진작, 책을 썼으면 어땠을까? 대학을 졸업하고 직장생활을 바로 시작하면서 나름 뿌듯했었다. 남들처럼 취직을 위해 고심하지 않아도 되고, 바로 월급을 받을 수 있다는 것이 만족스러웠다. 그냥 그렇게 쭉, 살면 된다고 생각했다. 열심히 직장 다니면서 월급 받고, 조금씩 오르는 월급에 만족하면서, 다들 그렇게 살고 있으니, 나도 그렇게 살면 그것이 최고의 삶이라 생각했었다. 하지만 현재 책을 출간해보니, 그동안의 시간이 아쉬워진다. 직장생활도 열심히 하고 나의 심장이 뛰는 책 쓰기도 해야 했다는 생각이 든다.

나는 책 쓰기가 직장 다니면서 함께 할 수 있는 최고의 일이 된다고 이야기하고 싶다. 그 이유는 다음과 같다.

첫째, 직장에서 인정받게 된다.

책을 출간했다고 하면, 일단은 다른 시각으로 본다. 성실하고 무엇인가를 열심히 한다는 이미지를 주위에 심어주게 된다. 그러니, 자연스럽게 그 사람에 대한 신뢰감이 생긴다. 신뢰감은 곧 그 사람을 인정하게 되는 것이다. 거기에다가 책 쓴 주제가 자신의 직장 일과 관련된 일이라면 인정받고 신뢰감을 얻는 것은 물론 승진의 기회가 될 수도 있다.

둘째, 스트레스 해소법이 된다.

이것이 직장인이 책을 써야 하는 가장 큰 이유이다. 직장에서 알게 모르게 받는 스트레스는 본인이 직접 감지되지 않는 예도 있다. 하지만 몸은 그것을 인지한다. 그래서 간혹 남 보기에는 좋아 보이는 직장에 근무하지만, 병이 걸려 퇴직을 하는 경우를 종종 본다. 아마도 스트레스 해소에 실패해서 병에 걸렸다고 할 수도 있을 것이다. 자신만의 스트레스 해소법이 필요한데, 자신의 내면을 자주 들여다보고, 과거를 회상하며 반성하며, 현재 해야 할 일을 정하고 자신이 원하는 미래를 상상하는 책 쓰기는 아주 훌륭한 스트레스 해소법이 되는 것이다. 퇴근 후, 남는 시간에 책 쓰고 직장생활 한다면 직장생활을 더욱 잘 할 수 있을 것이다.

셋째, 퇴근 후 시간을 알차게 보낸다.

평범한 직장인들의 퇴근 후 시간을 상상해보자. 직장에서의 스트레스를 풀기 위해 회식 자리를 자주 마련할 것이다. 혼자서 혹은 여럿이서 퇴근 후 호프집으로 출근하는 때도 많다. 1차가 2차가 되고, 3차가 되어 그다음 날 아침까지, 직장에서까지 악영향을 미치기도 한다. 하지만 책 쓰기를 한다면 다음날까지 술로 인해 좋지 않은 영향을 받는 예는 없을 것이다. 퇴근 후 책 쓰기로 알차고 의미 있는 시간을 보내게 된다.

넷째, 직장인으로서 확실한 자기계발 방법이 된다.

책 쓰기를 하기 위해 먼저 읽게 된다. 읽는 것은 내가 쓰려는 주제에 대한 다양한 정보를 습득하게 하고 그것을 체화되며, 의식을 변화시킨다. 쓰는 것은 쓰는 것만 하는 것이 아니라 읽음으로써 나의 뇌를 변화시키는 작업도 포함된다. 쓰는 작업이 곧 읽는 작업과 연결됨으로써 나는 새로운 것을 배우고 스스로 성장하게 된다. 이것처럼 확실한 자기 계발법은 없다.

다섯째, 직장에서 새로운 기회를 얻을 수 있다.

만약 내가 독서법에 대해서 책을 썼다고 가정해보자. 그렇다면 직장에서 독서법에 대한 강연장이 마련될 수 있다. 책을 쓴 사람은 그래도 그 주제에 대해서 많은 경험을 가졌고, 전문적인 지식 또한 있다고 인정하기 때문에 직장 내에서는 초빙 강연의 기회가 주어질 수도 있다. 물론 처음에는 그 강연이란 것이 어색하고 쑥스러울 수 있지만, 점점 적응될 것이다. 새로운 나의 모습으로 변화될 기회를 갖게 된다.

평범하지만 평범하지 않은 직장인이 될 수 있는 방법은 책을 쓰는 것이다. 책을 쓰는 것이 남의 일이라고 생각했다면 이제는 생각을 바꾸어야 한다. 직장을 다니면서도 충분히 책을 쓸 수 있다. 이미 많은 사람들이 그렇게 하고 있다. 점점 직장인들이 책을 쓰는 경우가 많아지고 있다. 오로지 직장만 열심히 다니는 사람보다는 직장에서 책을 쓰고 직장에서부터 새로운 기회를 잡을 수 있는 사람이 되도록 해보자. 책 쓰기로 새로운 인생의 발판을 마련할 수 있다. 책만 쓸 수 있다면 주변 모든 것들이 변화될 것이다. 주변에서 나에게 보내는 시선에서부터 전문가로서의 인정까지 책 하나 썼을 뿐인데, 달라진 나의 위치를 느낄 수 있을 것이다. 삶 자체가 달라진 자신을 느낀다. 평범한 직장인으로서의 삶에서 조금은 특별한 삶, 책 쓰는 직장인의 삶으로 변화되어 가는 것이다.

당신의 삶에 책 쓰는 삶을 추가해라

매일 1꼭지씩 쓰고 있다. 주로 새벽에 일어나서 1꼭지 쓰기를 하려고 한다. 왜냐하면 새벽에는 다른 시간대에 비해 집중도가 높기 때문이다. 새벽 시간에는 글 쓰는 것 외에 무엇을 하더라도 집중해서 할 수 있다. 새벽에 책을 읽더라도 낮의 독서와 확연히 다른 집중도를 발휘할 수 있다. 집중 독서는 곧 삶의 변화로 바로 이어진다는 것을 익히 체험했다. 그래서 독서 5년 만에 나는 책을 출간할 수 있게 되었고, 내가 읽은 책대로 나의 삶도 변화되었고, 계속 변화되고 있다. 새벽에 쓰는 것도 집중 독서처럼 집중 쓰기가 가능하다. 그래서 아침 일찍 일어나서 매일 1꼭지 쓰기를 실천하려 한다.

5년 전까지만 해도 새벽에 일어나 글을 쓴다는 것은 상상할 수 없었다. 왜냐하면 나는 잠을 사랑하는 사람이었기 때문이다. 특히 새벽잠은 절대로 양보할 수 없었고 체질적으로 새벽 기상이 불가능하다고 생각했다. 하지만 생각이 바뀌니, 나의 행동과 생활이 바뀌었다. 내가 못한다고 생각한 것은 실제가 아닌, 오로지 생각이었을 뿐이었다는 것을 알게 되었다. 부정적인 생각은 부정적인 현실만을 만든다. 책을 읽으면서 생각이 바뀌었고, 새벽 기상이 불가능하다고 생각했던 내 생각도 변화시켰다. 결국, 나는 새벽에 일어나게 되었고, 글쓰기도 시작하고, 지금까지 하고 있다.

아침 일찍 일어나서 책 쓰기를 하는 내가 스스로 대견스럽다. 누군가는 아침에 일어나는 자체도 대단한 일인데, 책까지 쓴다고 이야기한다. 하지만 이 2가지는 세트 메뉴처럼 항상 함께 할 수 있다. 새벽에 일어나서 하는 일 중에서 가장 가치 있는 일은 머리를 쓰는 일, 상상력을 발휘해서 뭔가를 만들어내는 일이기 때문이다. 창조해내는 일의 대표적인 것이 바로 책 쓰기가 되는 것이다. 책 쓰기를 매일 하고 시간이 지날수록 완성되는 초고의 수는 늘어나고 있다. 초고가 있으면 이것이 퇴고의 과정을 거쳐 책으로 출간된다. 책 쓰기의 삶이 추가된 현재의 내가 그 어떤 삶보다 기대되고, 만족스럽다.

책 쓰는 것을 추가한 현재의 나의 삶, 내가 만족스럽게 생각하는 이유는 다음과 같다.

첫째, 책을 쓰면서 나는 매일 배우고 있다.

책 쓰기도 하는데도 방법이 있다. 이 방법만 알고 몸에 익힌다면 누구나 책을 쓸 수 있을 것이다. 물론 문학서보다는 비문학서, 주로 자기계발서를 말한다. 처음 책을 쓸 때는 자기계발서부터 시작하는 것이 수월하다. 자기계발서는 자신이 선택한 주제에 대해서 경험과 노하우를 넣어서 자신의 메시지를 전달하는 것으로 보통 40개의 칼럼을 써내면 되기 때문이다. 40개 정도이지만 수량은 얼마든지 조절이 가능하다. 각 칼럼은 A4, 2장씩 쓰면 된다. 그 2장에 자신의 메시지와 자신의 경험을 겹겹이 쌓아서 완성하는 것이다. 이런 방법에 대해서 배우게 된다면 도저히 글쓰기 못한다는 사람들도 나도 해볼까 하는 마음이 들어서게 된다. 책 쓰기 방법을 알았다고 하더라도 숙달하는 시간이 필요하다. 매일 책 쓰기 하면서 스스로 배우고 깨닫고 하는 과정을 통해서 좀 더 실력이 좋아지게 된다. 이 과정은 누구에게나 거쳐야 하는 일정한 시간에 해당한다고 판단한다. 어떤 작가는 7권의 책을 쓰고 나서 책 쓰기가 좀 편안해졌다고 이야기했다. 책 쓰는 하루하루는 매일 배우고 익히는 시간이 된다. 책 쓰는 기술뿐 아니라, 숙달되기까지 책 쓰면서 다른 책도 읽고 씀으로 인해 더 많이 알게 된다. 모든 과정에서 배움이 기본으로 깔리게 되는 것이다. 책을 쓴다면, 쓰는 동안 매일 배우면서 하게 되고 그것을 나의 언어로 다시 씀으로 머리에 제대로 입력한다. 입력된 정보대로 나의 삶에 적용하고 또한 변화가 일어난다.

둘째, 쓰기가 최고로 잘 배우는 방법이다.

자신의 언어로 재생하는 것은 곧 배운 것을 내 머리에 확실히 입력하는 방법이다. 나는 매일 읽은 책을 인스타그램에 올리고 있다. 책의 내용 중에 나의 마음을 자극한 한 구절을 선택해서 그것을 사진 찍어서 올리고, 그것에 대한 나의 감상을 적는다. 책에서만 보고 넘어가는 경우와 책에서 본 것을 다시 나의 언어로 적는 것은 차이가 난다. 눈으로, 입으로 읽은 내용을 나의 머리에서 다시 재창조하여 나의 손을 통해서 자판으로 칠 수 있다는 것은 새로운 입력과정이면서 창조의 과정이다. 즉, 읽고 난 뒤, 쓰는 것은 읽은 것을 내 것으로 재창조하는 과정이기에 효과적으로 배우게 되는 것이다. 그 어떤 방법보다 탁월한 배움의 방법임을 시간이 지날수록 느낀다.

셋째, 책 쓰기를 평생 한다면 평생 성장할 수 있다.

살다 보면 마음의 혼란이 찾아와서 방황할 때가 있다. 특히 젊었을 때, 그런 시기를 심하게 거친다. 나 또한 그런 방황의 시간을 보냈다. 사춘기가 늦게 찾아왔는지, 나는 대학을 졸업하고 그런 시기를 겪었다. 대학을 졸업하자마자 직장이 있었음에도 방황을 했다. 보통 젊은 사람은 구직 때문에 많이 고민하는데, 나는 그런 것도 아니었다. 명확하지 않은 이유로, 그 시간을 헛되이 보냈었다. 물론 성장하기 위해 그런 시간이 필요했다고 생각할 수 있지만, 방황은 짧고 굵게 보내는 것이 어떤 면에서 인생에 유리하다고 말하고 싶다. 그 당시 내가 책 쓰기를 알고 책 쓰기를 했었다면 그 방황의 시간을 쉽고 빠르게 지나 보냈었을 것이다. 왜냐하면 책 쓰기를 통해 많은 책을 읽을 기회를 가졌을 것이고, 이것이 심리적 방황의 문제들에 대한 해답을 찾는 통로가 되었을 것이다. 그리고 책 쓰기를 통해서 스스로 마음을 다지고, 미래의 목표에 집중하려고 노력했을 것이다. 그렇게 방황만 하는 시간을 줄이고 성장의 시간을 더 많이 가졌을 것이란 생각에 아쉬운 마음이 있다. 책 쓰기 자체는 바로 성장이다. 평생 책 쓰면 평생 더 높은 의식 수준으로 성장한다.

네 번째, 책 쓰기는 누군가에게 희망이 된다.

책을 처음 읽을 때가 생각난다. 나는 책을 즐겨 읽는 사람이 아니었다. 직장생활을 하면서 책을 손에 잡은 횟수가 10손가락 안에 들 정도였다. 지금 돌이켜 생각해보면, 책이 필요할 만큼 아쉬운 것이 없었다는 것이다. 힘들고 아쉬운 것이 있으면 책을 찾게 된다. 정말 깨지고 망가지면 책을 찾게 된다. 왜냐하면 책은 가장 쉽게 우리가 해결점을 찾을 수 있는 수단이고 문제해결 할 수 있도록 도움을 주기 때문이다. 내가 그랬다. 늦은 나이에 육아를 시작하면서 그 누구한테도 마음 편히 지식과 지혜의 도움을 요청할 수 없었다. 그래서 가장 손쉽게 접할 수 있는 만만한 독서를 하게 된 것이다.

육아하면서 읽기 시작한 책. 그것은 나에게 희망이었다. 막막한 육아에 대해 답을 준 것이 가족도 아니고 친한 친구도 아닌, 책이었다. 나이 먹는다고 육아를 아는 것은 아니다. 육아는 나이와 상관없이 경험해보지 않은 생소한 영역일 뿐이었다. 그래서 쌩 고생하고 고민하고 찾다가 가장 쉽게 이용할 수 있는 책을 읽기 시작한 것이다.

내가 책을 쓰면 나도 그 누군가에게 힘듦을 들어주고 도와주는 희망이 될 수 있다. 내가 책을 읽음으로써 육아 방법에 대한 디테일한 힌트를 얻었듯이, 내가 경험하고 있는 모든 일들을 책으로 쓴다면 그 누군가에게 귀하고 소중한 희망이 될 수 있다. 이것에 대한 믿음은 흔들리지 않는다. 그렇기 때문에 나는 비록 멋진 미사여구로 세련되게 문장을 쓰지는 못하지만, 마음을 담아, 최선을 다해, 나만의 경험과 노하우를 나의 메시지와 함께 써 내려가는 것이다.

당신의 삶에 책 쓰는 삶을 추가해라. 책 쓰기 아직 경험 전이라면 용기를 내서 도전하는 것부터 우선이다. 가보지 않고, '카더라.'라는 이야기만 듣고 섣불리 판단하면 안 된다. '카더라'통신에서 가장 걸림돌이 되는 것은, 책 쓰기 아무나 못 한다, 이다. 나는 매일 강조한다. 보는 사람들한테 이야기한다. 내가 경험해보니, 그것이 아닌 것을 아니까 매일 이야기해준다. 책 쓰기, 방법만 알고 몸에 익힌다면 누구나 할 수 있다. 나도 했으니, 그 누구도 할 수 있다. 책 쓰기 함으로 인해, 매일 배우고 성장하고 그 누군가에게 희망이 된다. 어떤 방법이 매일 배울 수 있고 성장할 수 있으며, 또한 사람에게 희망을 안겨다 줄 수 있겠는가, 책 쓰기는 한 번의 행동으로 3가지 이상의 효과를 얻을 수 있는데 이것을 안 할 이유가 없는 것이다. 모든 것이 그렇듯이, 처음 하는 것의 장벽을 무사히 넘긴다면 평생 쓰고 평생 성장하고 평생 누군가를 도와줄 수 있다. 이것이 바로 당신의 현재 삶에 책 쓰기의 삶을 추가해야 할 진짜 이유이다.

책 쓰는 삶은 지루할 틈이 없다

나는 학교에서 건강을 책임지는 역할을 하고 있다. 학생뿐 아니라 학교 안에 있는 모든 사람의 건강을 담당하고 있다고 할 수 있다. 최소한 학교에 있는 동안, 건강상 문제없이 잘 지낼 수 있도록 도와주고 있다. 만약 건강에 이상이 생긴다면 즉각적인 처치를 해준다. 여러 역할 중에서 가장 중요한 것은 이런 일들로 응급 상황 시, 적절한 대처로 후유증 없이 회복하도록 도와주는 것이라 할 수 있겠다. 그것 자체가 건강지킴이의 존재 이유이다. 하지만 건강 관련 일들은 시간이 갈수록 많아지고 있다. 고유의 업무 외적인 일이 늘어나고 있는데, 아마도 건강에 대한 관심의 증대와 학교에 대한 기대치가 높아짐과 연관이 있을 것으로 보인다. 이런 상황으로 때론 보건업무의 정과 부가 바뀐 듯한 느낌이 든다.

응급상황이 발생하지 않더라도 기본적인 일들이 산재해 있다. 아프지 않은 아이들도 보건실을 찾는 경우가 많아지고 있다. 특별히 건강상 문제가 없어도 쉬고 싶은 마음에 보건실을 찾는다. 요즘 아이들은 너무 바쁘다. 직장인들보다 오히려 더 많은 공부 노동에 시달리고 있다. 마음의 병까지 생긴 아이들, 보건실을 방문하는 아이들의 수가 늘어나는 이유이다. 다칠 때, 처치하는 것 외에 이런 아이들의 케어에 피로감이 몰려올 때가 있다.

때때로, 퇴근하면 지쳐서 쓰러진다. 신기한 것은, 아주 힘들다고 생각하면서 지루함이란 의외의 감정이 일어난다는 것이다. 힘들다면 다른 마음이 들어설 틈이 없을 것 같은데, 그것이 아니었다. 몸의 피로감이 머리를 정지시키고 정지된 머리로 몸을 움직이니 머리는 공허하고 지루함이란 이상 감정까지 발동되고 있다.

책을 쓴다면 일상의 지루함은 상쇄된다. 직장에서 힘들고 지쳐, 때론 지루함까지 느끼게 되더라도 책을 씀으로써 새로운 에너지를 얻게 된다. 하루하루 새로운 날이다. 새로운 글을 쓰면서 새로운 마음과 활력을 가지게 된다.

나는 새벽마다 일어나서 1꼭지 쓰기를 하려고 노력한다. 새벽에 기상을 계속 유지하는 이유도 1꼭지를 쓰기 위해서이다. 낮에 쓰는 글과 새벽에 쓰는 글은 다르다. 밤에 쓴 연애편지를 아침에 다시 읽고 너무 유치하고 감상적이라, 보내지 못한 기억들이 있을 것이다. 밤에 썼기 때문에 보낼 수 없는 글이 되었다. 글은 어느 시간대에 쓰느냐에 따라 달라진다. 새벽 책 쓰기를 한다면 가장 집중도 있고, 합리적으로 사례와 메시지를 섞어서 독자의 입장으로 쓸 수 있다. 그런 마음으로 쓰면 새벽 책 쓰기는 그런 결과도 쉽게 얻게 된다. 확실히 다른 뭔가를 느끼게 된다. 그래서 새벽 책 쓰기를 선호하게 되었다.

새벽 책 쓰기 전에 엄마로서 해야 할 일들을 먼저 한다. 이곳 필리핀에는 학교급식이 없다. 그래서 도시락을 싸기 위한 준비를 미리 한다. 수저통 챙기고, 도시락 반찬 할 것을 미리 확인하고 준비한다. 그리고 밥이 있는지 다시 확인하고 밥을 한다. 그리고 책상에 앉는다. 책상에 앉아서 새벽 계획을 작성한다. 새벽 계획을 작성하는 이유는 데드라인 효과를 적용하기 위해서이다. 새벽 계획에 할 항목을 적고, 그것의 시간 데드라인을 적는다. 내가 새벽에 주로 하는 일은 1꼭지 쓰기, 독서이다. 독서 30분, 1꼭지 쓰기 1시간 30분 하면 딱 2시간. 새벽 활용 시간으로 2시간 정도 하면 최대로 활용한 것이다. 2시간 활용하려면 5시에는 일어나야 한다. 그러면 1시간 30분에서 2시간까지 사용할 수 있다.

새벽 1꼭지 쓰기 완성하면 기분이 좋다. 처음 책 쓸 때에 비해서 1꼭지 쓰기 시간이 빨라진 편이다. 처음 1꼭지 쓸 때는 3시간 4시간이 걸렸다. 어떤 때는 5시간이 걸려도 1꼭지를 못 쓸 때도 많았다. 1꼭지 쓰기가 시간 잡아먹는 시간 킬러라고 스스로 이야기했다. 그렇다고 포기할 수는 없었다. 시간 킬러를 없애기 위해서는 할 수 있는 방법이 계속 쓰는 것이었다. 잘 쓰든, 못 쓰든 개의치 않고 매일 쓰려고 노력했다. 그래서 지금은 퀄리티는 다르겠지만 1꼭지는 나의 의지대로 시간을 조정해서 쓸 수 있게 되었다. 만약 새벽 시간이 1시간 30분밖에 없다면, 1시간 만에 1꼭지 쓰기 도전도 기록하고 시작한다. 만만한 꼭지 제목일 경우, 1시간 1꼭지쓰기도 성공할 때도 자주 있다.

매일 이렇게 계획을 세우고 1꼭지 써니, 스릴감을 느낀다. 새벽 1꼭지 쓰기를 나는 중요하게 생각한다. 왜냐하면 새벽에 못 쓰면 그날 하루 중 1

꼭지 쓰기를 실패할 가능성이 커진다. 가장 머리가 맑고 개운한 뇌 상태에서 1꼭지를 못 썼는데, 뇌가 피로감을 느끼는 오후 시간에 쓰기는 더욱 어려워지기 때문이다. 하루 1꼭지 쓰기를 망치면 그 다음날도 그것이 반복해서 발생할 가능성이 커지고, 결국 초고완성이 계속 더뎌지거나 힘들어질 수 있다. 그래서 늦어도 오전이라도 1꼭지 쓰기를 꼭 달성하려고 한다. 그래야 40일이 지나면 초고 하나가 나온다. 매일 써내느냐, 못 써내느냐에 집중하니, 재미있으면서도 스릴감을 느끼게 된다.

책 쓰는 자체가 지루하지 않고 즐거움을 느낄 수 있다. 나는 책 쓰기에 대해 조금은 타이트하게 계획을 세워서 실천하고 있다. 나처럼 이렇게 타이트하게 쓰지 않아도 된다. 책 쓰는 일을 하는 자체만으로도 활력이 생기고, 지루할 틈 없는 삶을 살 수 있게 된다. 그 이유는 다음과 같다.

첫째, 책 쓰기를 하면서 책 쓰기의 가치를 더욱 실감하게 된다.

책 쓰기를 하면서 쓰기에 대한 가치에 눈을 뜨게 된다. 그동안 쓰는 것의 세계에는 관심이 없었다. 하지만 쓰는 것을 해봄으로써 그것에 대한 가치와 의미가 새롭고도 절실하게 나의 삶으로 다가온다. 방법을 배워서 매일 1꼭지씩 쓰다 보면 그것이 한 권의 책이 된다는 인식도 하게 된다. 한 권의 책을 출간하고 변화될 나의 삶을 상상해보게 된다. 일단 인정받게 되고, 나의 평생 한 일에 대한 경험과 노하우가 두고두고 그 누군가에게 도움이 될 것이다. 만약 아들, 딸들이 있다면 책 쓴 엄마, 아빠로서의 긍정적인 롤 모델이 될 것이다. 여러모로 책 쓰기는 나의 삶이 가치 있다는 것을 깨닫고 직장생활에서도 새로운 설렘을 만들어준다.

둘째, 1꼭지 어떻게 쓸지를 연구한다.

책 쓰기를 하면서 나는 연구하는 생활이 무엇인지 알게 되었다. 책 쓰기를 하다 보면 장인이 되기 위해서 고민하고 새로운 시도를 해보는 그 과정을 자신도 모르게 비슷하게 하고 있음을 알게 된다. 나는 저서 7권을 현재 낸 상태이다. 하지만 1꼭지 쓰기에 있어서 나만의 스타일로 쉽게 쓰기 위한 방법들에 대해서 계속 고민하고 있다. 책 쓰기 전에는 더욱 그것들에 대해서 생각을 많이 했다. 이렇게 한 가지 질문이 있고 계속 생각하고 고민하고 연구하는 시간을 가지게 된다. 그렇기 때문에 지루할 틈이 없다.

셋째, 현재의 상태에서 쓸 글감을 찾는다.

1꼭지 글이라는 것은 나의 경험과 나의 메시지가 합쳐져서 완성되는 것이다. 여기 1꼭지는 한 소제목을 말한다. 나의 메시지는 목차이다. 나의 메시지 40개가 정해지면 그 메시지에 합당한 나의 경험을 찾게 된다. 경험 중에서 현재의 경험이 가장 사실적으로 쓸 수 있다. 리얼한 만큼 읽는 사람은 더욱 공감할 수 있게 된다. 그래서 현재의 내가 사는 생활에서도 나는 내가 보고 듣고, 맛보고, 체험하고 생각한 것 중에서 특별하고 좋은 것들을 뽑아내려고 한다. 그 뽑아낸 것이 바로 나의 글감이 되는 것이다. 이렇게 하니까 현실에 더욱 충실해진다. 그냥 지나치거나, 그냥 쓸데없는 일처럼 치부하는 것이 아니라, 어떤 상황에서도 의미를 찾게 되고 거기에서 좋은 경험들을 글에 활용하려고 한다.

넷째, 지나온 과거가 중요한 글감이 된다.

나의 지나온 과거 경험도 좋은 글감이 된다. 아니 과거의 임팩트한 경험들이 곧 나의 글이 되는 것이다. 현재의 경험은 가볍게 사용하는 일화가 되는 것이고, 수없이 많이 지나간 나의 과거의 경험들은 그중에서 특별히 제목과 관련해서 임팩트 있는 것들을 뽑아내서 글감으로 사용하게 된다. 글 쓰는 과정은 나의 현재와 과거를 수없이 드나드는 행위이다. 때론 생각 지도 못한 과거의 시간과 기억들이 되살아나기도 한다. 이런 과정은 아주 즐겁고 특별한 일이 되는 것이다. 나는 매일 쓰면서 특별한 날들을 만든 다. 그리고 과거를 되돌아보는 행위 자체는 나를 좀 더 잘 살게 만드는 원 인이 된다. 잘 못산 과거를 반성하고 현재를 그 과거처럼 살지 말고 좀 더 잘 살자, 라는 생각을 할 수 있도록 한다. 내가 살아왔던 시간, 사는 시간, 그 모든 시간이 즐거운 배움과 깨달음이 된다. 지루할 틈이 없다.

책 쓰기는 마음에 불을 지피는 일이다. 직장생활이 힘들고 재미없다고 생각한다면 책 쓰기를 해보길 권한다. 책 쓰기를 통해서 잃었던 재미와 열 정을 찾을 수 있을 것이다. 직장생활이 반복된 일상이라면 책 쓰기를 함으 로써 매일 새로운 나날이 된다. 자신이 쓰고자 하는 주제에 따라 자신이 말하고자 하는 메시지에 따라 그것에 적합한 글감들을 찾는다. 지금 내가 있는 시점인 현재에서 소소한 일상을 좀 더 들여다보고 그 의미를 찾는다. 지나온 과거들, 때론 까마득하게 잊어버렸다고 생각했던 기억들이 소환 되고, 다시 생각하고 반성하며 새로운 창조의 글감으로 활용된다. 이런 과 정을 반복함으로써 책 쓰기 자체는 나의 과거, 현재 시각들을 되돌리고 새 로운 의미로 접하는 시간여행과 같은 일이 된다. 또한 1꼭지를 더 쉽고 빠 르게, 더 잘 쓰기 위해 연구하게 된다. 연구하는 삶이 어떤 것인지 책 쓰기 를 함으로써 제대로 알게 된다. 추억을 다시 되돌리고, 최고의 고지를 얻 기 위해 꾸준히 노력하고 연구하는 책 쓰기, 가치 있고 즐거운 일이며 지 루할 틈이 없다.

모든 경험이 글감이다

　얼마 전에 마트에서 닭 간을 샀다. 이곳 필리핀은 고기 종류를 저렴하게 구매할 수 있다. 오히려 야채가 고기보다 더 비싼 느낌이다. 고기들은 부위별로 진열되어 있다. 닭고기는 물론이거니와 돼지고기도 마찬가지이다. 처음에 영어로 쓰인 돼지고기 부위가 어렵게 느껴졌었다. 장 볼 때마다 영어로 쓰진 돼지고기 부위를 보면서 영어 공부를 할 정도로 아주 자세하고도 친절하게 쓰여 있다. 닭고기는 그 정도는 아니다. 그냥 부위별로 나누어서 진열된 정도이다. 집에서 먹이를 챙겨 주고 있는 길고양이 영양 보충을 위해 가끔 고기를 사는데, 오늘은 돼지고기가 아닌 닭 간을 한 번 사보았다. 저번에 고양이들에게, 닭발을 사서 삶아 주니까 아주 뼈까지 잘도 먹었던 기억이 있어 이번에는 닭의 다른 부위를 사보았다.
　닭의 간이 아이들 입맛에도 맞았다. 고양이 영양보충의 목적으로 샀지만 삶아서 하나 먹어보니, 맛이 쫄깃하니 좋았다. 그래서 아이들, 입에 하나씩 넣어주었다. 아주 잘 먹는다. 특히 닭 간과 함께 붙어있는 심장 부위

같은 작은 부분은 쫄깃한 맛을 내면서 아이들이 더 좋아했다. 이번에는 기름장을 만들어 찍어 먹을 수 있도록 했다. 아이들은 더욱 잘 먹는다. 그렇게 기름장에 찍어 먹으니, 간도 되면서 참기름이 더욱 맛을 풍성하게 했다. 결국 아이들이 대부분 먹었고 고양이들은 조금만 챙겨주게 되었다. 그래 다음에는 더욱 많이 사서 고양이를 포함한 온 가족이 함께 먹자, 라고 생각했다.

닭고기는 정말 버릴 것이 없다. 치킨은 치킨대로 즐겨 먹는 음식이다. 그리고 닭의 내장 쪽도 한 번 맛을 보면 다시 찾게 될 것이다. 글쓰기에 있어서 우리가 사는 시간, 경험들이 닭고기와 같다고 생각했다. 우리의 경험은 책 쓰기, 글쓰기에서는 버릴 것 전혀 없는 소중한 글감이 된다.

나의 모든 인생 경험이 책이 될 수 있다. 나는 필리핀에서 잠시 생활하고 있다. 늦은 출산과 육아로 나의 아이들은 내 나이에 비해서 어리다. 나이 많은 엄마라서 미안한 마음도 있었고, 또 특별한 추억을 안겨주고 싶은 마음이 있어 무작정 세부 살이를 시작했다. 아이들은 초등학생이다. 알파벳도 모르고 이곳에 와서 나름대로 고생이 많았을 것이다. 나도 또한 마찬가지이다. 이웃에 한국 사람이 있지만 그래도 내 나라가 아니기 때문에 하나에서 열까지 새로 배우고 익혀야 한다. 필리핀에서 정착하기 위해서 최소 2개월은 걸렸다. 이렇게 정착 하면서 겪은 모든 것이 소중한 경험이다. 나처럼 필리핀에서 세부 살이를 하려는 사람에게는 더없이 소중한 정보와 노하우가 될 수 있다. 그래서 나는 이것을 책으로 써야겠다고 생각하게 되었다. 그래서 2019년 년 말에 《유학원 거치지 않고 좌충우돌 세부 정착 이야기 출간하게 되었다.

《유학원 거치지 않고 좌충우돌 세부 정착이야기》에서 나는 필리핀 정착 경험을 실었다. 거창하고 대단한 내용은 아니지만 어떤 누군가에게 도움이 될 수 있다는 생각으로 하나하나 중요한 것 위주로 경험한 것들을 책에 썼다. 가장 중요한 몇 가지는 다음과 같다. 필리핀에서 와서 가장 먼저 할 일은 리턴날짜를 바꾸는 것이었다. 나는 1년 유효한 항공 티켓으로 왔기 때문에 리턴 날짜를 바꾸어야 했다. 만약 나처럼 왕복 1년 유효한 티켓이라면 가장 먼저 챙겨야 할 것이 리턴 날짜 변경하는 것이다. 보통 리턴 날짜는 미리부터 정확히 정할 수 없는 것이 일반적이다. 그렇기 때문에 티케팅할 때, 1주일 뒤를 한국에 돌아오는 리턴 날로 임시로 정해서 예매한다. 그러니, 필리핀 도착해서 1주일이 지나기 전에 이 날짜부터 변경한다. 넉넉하게 날짜 변경하고, 또 다시 그 즈음에 날짜를 변경해도 된다. 수수료는 나올 수도 있고 안 나올 수도 있다. 왕복 티켓을 가졌지만 리턴 날을 변경할 수 있는 것을 몰라 그냥 취소한 사람도 있다. 경제적 손실이다. 모르면 손해가 발생한다. 그다음 한 달 이내 해야 할 것은 비자 연장이다. 이민국에 가서 비장연장을 하는 것을 잊어버리면 안 된다. 그 외에 필리핀이기 때문에 물은 생수를 사용해야한다는 것, 그곳에 살고 있는 사람들을 통해서 생수를 어떻게 주문해서 가정에서 어떻게 사용할 수 있는지 자세히 들을 수 있었고, 책에 실을 수 있었다.

나의 삶이 곧 글의 재료가 된다. 삶에는 수많은 일이 일어난다. 희로애락이 함께 하는 것이 우리 인간의 삶이다. 글을 쓰기 전에는 이런 삶들이 그냥 내가 경험하고 나의 머리에 어딘가에 남아 있는 것으로 끝이었다. 물론, 삶의 경험들로 나는 더욱더 현명해졌을 것이고, 더욱 발전했을 것이다. 때론 그 반대가 되는 경우도 있다. 나의 삶은 나만의 삶으로 끝나는 경우가 대부분이다. 나의 삶이 다른 곳으로 확장되지는 않는다. 하지만 글을 쓰면서 나의 삶이 나로만 국한되지 않고, 다른 사람의 좋은 본보기가 된다. 그렇게 살지 말아야 할 본보기도 되고, 또 때론 그렇게 살아야 할 본보기가 된다. 나의 삶은 흘러 지나가는 삶이 아닌, 글을 통해서 다시 살아나고 영원히 읽히는 삶이 되는 것이다. 내가 쓴 《유학원 거치지 않고 좌충우돌 세부 정착 이야기》는 세부 살이를 하려는 2년 전 나처럼 필리핀 세부에 대한 정보에 목 말라있는 사람들에게 도움이 되고 계속 읽히는 책이 될 수도 있다. 이 책이 읽히게 된다면, 그 이유는 글을 특별히 잘 썼기 때문이 아닐 것이다. 세부에 대한 실제적인 삶의 모습을 엿볼 수 있고, 실생활에 유익한 정보를 얻을 수 있기 때문이다. 비록 명문장을 쓰지는 못하더라도 자신의 실제 삶을 쓴다면, 분명, 도움을 받고 힘을 얻는 사람이 있게 된다. 그런 믿음으로 자신의 삶을 글감으로 사용해서 쓰는 것이다.

나의 경험을 글감으로 사용하면 힘든 삶도 힘들게만 생각하지 않게 된다. 힘든 삶이지만 충분히 배울만한 뭔가가 있을 것이고 그것을 글로 쓸 수 있다고 생각하기 때문이다. 늦은 나이에 필리핀 세부를 선택한 것도 이런 마음이 있었다. 어린아이 둘을 데리고 낯선 나라를 찾는 것이 쉬운 결정은 아니었다. 주변에서는 말이 많았다. 어떤 이는 뭐 하러 그곳까지 가서 고생하느냐, 어느 곳이나 아이 키우는 것은 다 똑같다. 괜히 고생하지 말고 한국에서 아이 키우라고 말했다. 하지만 나의 마음에는 고생 여부는 중요하지 않았다. 별 의미가 없었다. 오로지 새로운 뭔가를 볼 수 있고, 들을 수 있고, 경험할 수 있다는 자체가 중요했다. 더 늦기 전에 많이 보고, 배우고, 또 아이들 위해 새로운 선택을 할 수 있는 기회들을 가지고 싶어 빠르게 결정을 내렸다. 한마디로 남들이 고생처럼 보이는 일이 나에게는 고생의 개념으로 여기지 않았다. 힘든 일을 다른 관점으로 본 것이다.

글 쓰고, 책을 쓰게 되면, 힘든 시간이 오히려 더 값진 글감이 된다고 여긴다. 힘든 시간에 주눅 들지 않고 과감히 도전하려는 용기가 생긴다. 힘든 시간이 오히려 나에게 특별한 것을 안겨다 줄 것이란 믿음이 있다. 사실 값진 것일수록 힘든 대가를 치러야 하는 것이 세상 위치이다. 세상에 공짜가 없지 않은가? 힘든 것을 피해서는 그만큼 값진 것들을 얻을 기회는 잃게 된다. 아주 단순한 진리이지만 간혹 잊어버리고 힘든 것을 피해 편한 것만 쫓으려고 하는 것이다. 옥석 같은 글감도 나의 힘든 경험에서 더 많이 찾을 수 있을 것이다. 비록 지금은 힘들지만, 힘든 만큼 값진 인생을 깨닫고 덤으로 멋진 글감까지 얻게 된다.

글을 쓰고 책을 쓰게 되면 버릴 시간과 버릴 경험은 없음을 깨닫게 된다. 나의 경험이 나의 글이 되고 나의 책이 되는 것이다. 왜냐하면 책은 주로 나의 경험을 활용해서 쓰기 때문이다. 거기에 나의 메시지를 함께 담아 멋진 자기계발서가 완성된다. 경험과 메시지가 있고 약간의 기술을 배운다면 누구나 초고는 완성할 수 있고, 탈고를 통해 책으로 만들 수 있다. 시간이 지나면서 다양한 경험을 한다면 다양한 주제로 다양한 책을 쓸 수 있다. 나는 독서법을 시작으로 책을 쓰기 시작했다. 첫 책의 주제가 독서법이었지만 독서법만 쓰지 않았다. 독서를 하면서 경험한 것들을 주제로 다시 책을 썼다. 그것은 새벽에 관련된 것이다. 그리고 필리핀 세부에서의 경험들을 담은 책도 썼다. 이렇게 모든 삶이 책의 주제가 될 수 있다. 책을 쓰기 시작한 순간부터 당신의 삶이 책이 되게 된다. 당신의 경험은 곧 글감이다.

나이와 상관없이 도전을 즐긴다

필리핀 세부 생활 중인 나는 영어 공부를 하고 있다. 해외에 살 게 되면 시간이 지나면 자연스럽게 영어를 듣고 말할 수 있으리라 생각했다. 하지만 아니다. 현재 1년 반이 지나가고 있지만, 영어는 여전히 듣기 어렵고 말하기도 쉽지 않다. 왜 그럴까?, 라고 자문해보았다. 답은 한 가지, 공부하지 않았기 때문. 모국어도 남들보다 잘 듣고 잘 말하기 위해서는 공부가 필요한 것이다. 하물며 모국어가 아닌 영어는 더욱 공부가 필요하다. 그냥 외국에 사는 것만으로 영어는 늘지 않는다. 잠시 잠깐 이웃과 인사하는 정도로는 가능할지 모르나, 그것 외의 영어는 쉽게 실력이 좋아지지 않는 것이다. 그래서 공부를 시작했다.

현재 공부하는 방법은 아이들 튜터 시간에 영어를 귀동냥하는 것이다. 아이들은 학교 수업 외에 매일 집에서 영어 튜터 선생님과 공부를 한다. 튜터 선생님은 아이들 학교 공부를 봐주고 부족한 공부도 도와준다. 물론 영어로 이야기한다. 필리핀에는 다양한 언어가 있다. 필리핀 표준어는 따갈로어이고, 그 외 지역에 따라 또 언어가 다 다르다. 7천 개의 섬으로 이루어진 필리핀은 언어의 수도 많다. 그래서 필리핀이란, 같은 나라이면서 언어가 안 통하는 경우도 발생한다고 한다. 튜터 선생님은 2시간 동안 아이들에게 공부를 시킨다. 그때 나는 같은 공간에서 튜터 선생님이 하는 이야기를 듣는다. 그냥 듣기에는 그러니, 노트북을 펼쳐놓고, 영어를 적으면서 간혹 속으로 따라 하면서 그렇게 듣고 말하는 연습을 한다.

나이가 많다고 언어를 배울 수 없는 것은 아니다. 보통 생각하기를 나이가 많으면 언어를 배우기 불가능하거나 그 공부의 효과가 미미하다고 생각한다. 오랫동안 사용한 그 언어에 새로운 언어를 추가하는 것이 뇌에서 과부하가 일어난다고 여긴다. 언어 하면 어린아이일 때 배우는 것이 가장 좋고, 보편적으로 어린아이들이 배우는 것이라 여긴다. 하지만 이것은 고정관념일 뿐이다. 배움에는 나이가 없듯이, 언어도 마찬가지이다. 내가 아이들 튜터 시간에 귀동냥한 영어가 내가 공부하는 노력의 전부이지만, 나의 영어 실력에 변화가 온다는 것을 스스로 느끼고 있다. 현지인 튜터 선생님을 통해서 현지인들이 많이 사용하는 영어 어구나, 영어 습관, 악센트, 발음을 들을 수 있다. 특히 악센트나 발음 같은 경우에는 나라마다 많이 차이가 나는데, 발음이 다르다고 해서 영어를 못 하는 것은 아니다. 필리핀 사람들은 발음과 악센트가 미국인들과 다르지만, 영어를 생활어로 사용하고 있다. 현지 튜터의 일상적인 영어 대화를 들으면서 비록 나는 적지 않은 나이지만 매일 조금씩 배움의 도전을 멈추지 않고 있다.

나를 계속 도전하게 만드는 원천은 책 쓰기였다. 《하루 한 권 독서법》을 쓰기 시작할 때 나는 이미 반백 년을 산 나이였다. 그때는 선택의

여지가 없이 뭔가 강력한 변화가 필요했다. 그래서 책 쓰기에 도전하게 되었다. 그 당시 심신이 지쳐있는 상태였다. 늦은 결혼으로 아이 아직 어려서 아이 키우는 자체가 육체적으로 힘에 부치고, 직장생활까지 함께 하는 상황에서 직장생활에 대한 부정적인 심리상태까지 합쳐져 제대로 살 수 없을 것 같은 마음 상태였다. 그래서 특단의 조치 겸 새로운 도전으로 판을 바꾸어 보자는 생각으로 책을 쓰기 시작했다. 뭔가를 새로 시작하기에 나이가 너무 많다고 뒤로 물러서 있었다면 지금 또 다른 도전을 하지 못했을 것이다. 나이와 상관없이 도전은 가능했고 도전이 또 다른 도전을 가능하게 한다. 특히 책 쓰기의 도전은 책 한 권의 출간은 물론이거니와 새로운 또 다른 도전을 계속할 힘이 생기게 한다.

우선 도전이라고 함의 정의를 생각해보자. 아무 일이나 도전이라고 할 수 없다. 우선은 지금 자신이 하는 일과 조금은 다른 일을 말한다. 영어 공부하기, 책 쓰기 같은 것은 평상시 내가 하는 일이 아니다. 평상시 하지 않던 새로운 일인 것이다. 이런 것을 도전이라고 할 수 있겠다. 또한 수준의 차이를 만들기 위한 시도자체도 도전이라고 할 수 있다. 영어공부하기에서 한 수준 높은 단계를 위해 더 열심히 어떤 부분에 집중적인 노력을 하는 것이다. 예를 들어, 현지에서 영어공부를 할 때, 현지인들이 말할 때 어느 부분에서 끊어서 말하는지 그것을 인지하자는 것이다. 요즘 드는 생각은 쉬운 문장도 영어가 잘 안 들리는 이유는 현지인처럼 말하지 않기 때문이라는 것이다. 현지인처럼 끊을 때 끊고, 연결할 때 연결해야 하고, 또 그렇게 말하기 위해 현지인들의 그 방식을 들을 수 있어야 한다고 생각해서, 그것을 집중적으로 공부하고 있다. 이것만 된다면 영어 듣기 실력 수준이 한 단계 높아질 것이다. 이렇게 수준을 높이는 것도 도전이라 할 수 있다.

또 도전이라고 한다면 지금보다는 조금 더 어려운 일을 시도하는 것도 해당이 된다. 나의 미래를 긍정적으로 변화시킬 일인 것이다. 조금 어렵지만, 그 어려움이 지나고 나면 좀 더 좋은 모습으로 나를 변화시킬 수 있는 일이 바로 도전이고, 그런 도전을 젊으나 늙으나 멈추지 않고 할 수 있고 해야 한다는 것이다.

책 한권을 쓰고 나면 그 책이 나의 삶을 이끌고 새로운 도전을 시도하고 즐기기까지 된다. 책 한권으로 인해 나의 미래는 무궁무진 발전할 수 있다. 왜냐하면 책 한권의 내용이 나의 삶의 길라잡이와 같은 역할을 하기 때문이다. 책 쓰기 할 때는 나의 실제 이야기이면서 나의 미래, 비전을 쓰게 된다. 내 인생 첫 책인 《하루 한 권 독서법》에 나는 매일 하루 한 권 읽고 읽은 책들의 핵심 내용처럼, 노력하면서 나의 삶은 매일 업그레이드되었다는 내용을 적었다. 기록의 힘처럼, 내가 쓴 글들은 나의 잠재의식에 깊이 각인되게 된다. 연기자들의 삶은 자신이 연기한 삶을 닮아간다는 말이 있다. 가수들도 또한 그들의 삶이 자신이 부른 노래 가사와 닮아간다고 했다. 그것처럼 내가 쓴 책이지만, 그 책에 영향을 받아 나는 더 긍정적으로 변화되고 삶 또한 그렇게 되어가게 될 것이다.

책 쓰기 자체는 다가올 나의 미래의 청사진이라고 할 수 있다. 책을 쓰면서 우울한 내용보다는 힘이 되고 할 수 있다는 꿈과 비전을 제시한다. 이것은 스스로 새로운 각오의 시간과 분발의 계기를 마련한다. 그렇기 때문에 더욱더 새로운 환경, 사람, 일을 찾아 도전할 수 있는 용기가 되고 긍정적인 힘의 원천이 된다. 한마디로 내가 쓴 책 자체가 나의 길을 만들어 갈 수 있는 나침반이 되는 것이다. 나의 과거 경험이 책 쓰기의 재료였다면 그 재료를 통해서 만들어진 가치 있는 의미는 나의 도전과 함께 미래를 만들어간다.

내가 쓴 한 권의 책이 나이와 상관없이 도전을 즐기게 한다. 책 한 권이 단순히 책 한 권의 의미만 갖는 것이 아니다. 내가 쓴 책 한 권이 많은 기회와 도전의 계기가 된다. 자신이 한 말은 책임을 지려는 것이 인간의 본성이다. 말을 하면서 뇌에 각인되기 때문이다. 그래서 자신이 하는 말대로 된다, 라고 이야기한다. 말이 곧 당신의 인생이 되는 것이다. 글도 마찬가지이다. 오히려 글은 더욱 깊이 뇌리에 박힌다. 왜냐하면, 더 심사숙고하면서 쓰기 때문이다. 한 주제로 책을 썼다면 세세한 내용을 기억하지 못할지라도 하나의 맥락으로 연결해서 나의 뇌리에 저장되어 있다. 고구마 캘때, 하나를 캐면 연결된 여러 개가 딸려서 땅 밖으로 나오는 것과 같은 형상으로 내가 쓴 책 한권이 나의 몸 구석구석에 이어져 있다. 내가 쓴 대로 나는 도전한다. 도전한 만큼 내가 쓴 책 내용대로 나는 살아가게 된다. 도전도 하다 보면 그 맛을 느낀다. 책 한 권이 나를 도전하게 하고 도전을 즐기게 만든다. 도전에서 나이는 아무런 의미도 없다. 이제 당신의 책을 쓰라. 당신이 쓴 책으로 멋진 도전을 즐기길 바란다.

퇴직을 앞둔 당신, 직접 쓴 책 한 권이 든든하다

내가 쓴 책 한 권이 어떤 의미가 있을까? 특히 누구나 퇴직을 해야 하는 직장인들에게 그 의미는 특별하지 않을까 생각해본다. 사실 나도 직장인이라 직장인들의 심리를 어느 정도 이해하고 있다. 직장 다닐 때는 오로지 직장 일에만 집중을 한다. 월급을 받으니, 받은 만큼 혹은 그 이상은 일을 해야 한다는 마음이 있기 때문이다. 하지만, 문제는 내 시간이 넉넉하지 않다는 것이다. 직장에 성실하다 보면 시간 여유가 잘 안 생긴다. 주말도 내 시간 같지만 사실 주말을 신나게 보내고 나면 월요일 후유증이 남을까 염려되어 무리해서 멀리까지 가지 않는다. 또한 나를 위한 새로운 도전도 어렵다. 그렇게 직장인으로 직장에 최선을 다하고, 때론 열정을 쏟지만 퇴직할 때쯤이 되면 불안하고 난감한 마음이 들 수 있다. 그럴 때 내가 쓴 책 한 권이 있다면 상황이 달라진다.

나는 30대 중반이 다 되어 첫 직장에서 퇴직했다. 대학 이후부터 죽 한 직장만 다녔다. 10년 이상을 군 병원에서 간호장교로 일했다. 그때는 하루 하루가 즐거움이고 행복이었다. 물론 나름 힘든 면도 있었지만, 젊기에 또 한 남들이 보기 좋아 보인다는 직장이었기에 스스로 만족감을 느꼈다. 직장 일이 끝나면 에너지 충전을 위해 취미활동을 했다. 일동 국군병원에서 근무할 때는 퇴근하고 스키를 타러 다녔다. 매서운 칼바람도 개의치 않았다. 낮에는 열심히 일했고 저녁에는 내일의 직장 일을 위해 시간을 즐기면서 여유롭게 보냈다. 다른 병원에 있을 때도 마찬가지였다. 하지만 열심히 일했지만, 퇴직을 앞두게 되었을 때, 두려워졌다. 사회에 나가서 막상 내가 하고 싶고, 할 수 있는 일이 별로 없다는 생각이 들었기 때문이다.

직장인이라면 누구나 퇴직을 한다. 아무리 좋은 직장에 다니고 있더라도 퇴직을 하게 된다. 이 사실을 때론 잊어버린다. 점점 뜨거워지는 물속에서 그것을 인지하지 못하는 개구리처럼, 직장에서 적응하면서 살다 보면 정작 퇴직한다는 사실을 인지하지 못하고 어느 순간 그 날이 다가와 당황스럽다. 이를 때 만약, 내가 쓴 책 한 권이 있다면, 이것이 특별한 가치를 발휘하게 될 것이다.

내가 쓴 책 한권이 귀한 씨앗이 된다. 퇴직을 앞둔 직장인이라면 가장 고민한 것들에 대한 힌트를 얻게 된다. 그들이 하는 고민은 이것이다. 퇴직하고 무엇을 할 것인가?, 퇴직하면 이제 나를 알아주는 사람도, 만나줄 사람도 없는 것은 아닐까?, 새로운 직장을 가지기 전까지 나는 무엇을 해야 하나?, 기타 등등 걱정거리가 많다. 이때 책 한 권이 이런 걱정의 해결 실마리가 되는 것이다.

인생 첫 책을 쓰고 나는 많은 것이 달라졌다. 돈을 벌었다는 것은 아니다. 대단한 명성을 얻은 것도 아니다. 하지만 어쩌면 그것보다 더 가치 있는 것, 즉, 나의 삶이 바뀌었다고 말하고 싶다. 나의 생활자체가 달라졌고, 생활뿐 아니라 생각 자체도 변화되었다. 내가 쓴 책 한권의 힘이 위대하다.

책을 쓰고 가장 큰 변화는 생활의 변화이다. 예전에는 직장에서 퇴근하면 일상적인 일을 하는 것에 집중했다. 아이들 먹이고 입히고 씻겨서 재우는 것이 가장 큰 일이라고 생각했다. 사실 이것만으로도 쉽지 않다. 하지만 자신의 삶은 자기 생각을 넘어설 수 없다. 퇴근 후 아이들 케어하고 집안 살림하는 것이 내가 해야 할 전부라고 생각한다면 거기까지 노력하게 된다. 그렇게 해서 삶의 변화는 없다. 평범한 일로 인해 내 삶이 변화되지 않는다. 자신이 하고 싶은 일을 할 시간을 단 10분이라도 가져야 한다. 책한 권을 쓰고 나면 퇴근 후 일상적으로 해야 할 일 외에 나를 위해 생산적이고 가치 있는 일을 하게 된다. 그것은 아마도 읽고 쓰는 일이 될 것이다. 그래서 느리더라도 계속 변화되고 발전하게 된다. 책 한 권을 쓰고 난 후 일상적인 일에다가 나에게 의미 있고 가치 있는 플러스알파의 일을 하는 것이 큰 변화라 하겠다.

책을 쓰고 나서, 자신을 위해 투자하는 시간을 가지면서 퇴직 후, 삶의 밑거름을 만든다. 고기도 먹어본 사람이 먹게 된다. 책 쓰기도 책 한 권을 내 본 사람이 또 쓰게 된다. 이것은 진리이다. 책 한 권을 출간해보면 책 쓰기의 매력을 느끼게 된다. 책 쓰기를 통해서 변화되는 자신을 인지하면서 또 다른 책을 쓰려고 노력하게 된다. 설사 빡빡한 현실 때문에 당장 쓰지는 못할지라도 마음만은 항상 쓰고 있게 된다. 마음이 가면 결국 시도를 하게 되는 것이고, 2번째 책이 또 탄생한다. 2번째 책을 쓰면서 또다시 나는 발전한다. 책 쓰기는 특정 주제를 정해서 쓰게 되는데, 그 주제를 쓰기 위해서 일단 읽는다. 읽으면서 어렴풋이 알았던 내용을 선명하게 알게 되고, 더 많이 배우게 되므로 인해 그 주제에 해박해지고 책을 쓸 역량을 갖추게 된다. 결국, 새로운 역량을 가지게 된다. 새로운 역량은 퇴직 후의 삶을 미리 준비하는 일이 된다.

책 한 권이 매개가 되어 누군가로부터 연락이 올 수 있다. 출간하면 그 책은 평생 나와 함께 하게 된다. 그래서 책은 나의 분신이라고도 한다. 나는 여기에 있지만, 나의 분신인 책은 여러 곳에 존재한다. 내가 쓴 《하루 한 권 독서법》 책은 전국에 퍼져있다. 그 책을 읽는 사람 중에 특별히 감동을 하는 사람이 있을 수 있다. 물론 그것을 읽고 악평을 하는 사람도 있다. 그 책에 대한 평가는 다양하다. 《하루 한 권 독서법》 읽고 동기부여가 되었다면 그 사람은 나에게 연락을 할 수도 있다. 어떤 방법으로든 자신이 받은 감동을 표현할 수가 있다. 실제로 나는 메일을 여러 통 받았다. 나와 상황이 비슷한 직장 맘이 이 책을 읽고 자신도 자신의 삶과 미래를 위해서 비록 현재 어려운 상황이지만 독서를 하기로 결심했다고 메일을 보냈다. 이런 메일로 인해 나의 삶이 누군가에게는 어떤 자극제가 되는 것이란 사실에 나는 흥분했다. 막연하게 생각하고 있었던 일이 메일로 인해 분명해짐으로 자신도 자극을 받았다. 만약, 직장인이 이런 메일을 퇴직을 앞둔 상황에서 받았다면 큰 위안이 되게 되고 실제적인 기회가 될 수 있다.

내가 쓴 책 한 권이 제2의 직업이 될 수도 있다. 나는 책을 쓰기 전에는 잘 몰랐다. 내가 책을 쓸 수 있을지 전혀 몰랐다. 책을 써보니, 나의 결심대로 초고는 완성되었고 계약을 통해서 세상에 내가 쓴 원고가 출간되었다. 나뿐 아니라 그 누구도 책 쓰기는 있을 것이다. 이제는, 유명한 사람만이 책을 쓰는 시대가 아니다. 이 사실을 받아들이고 책을 한 권 출간한다면 생각지도 않은 일이 벌어질 수 있다. 우선은 내가 쓴 한 권의 책으로 강연 요청이 올 수 있다. 강연은 한 번도 해보지 않았는데, 내가 어떻게 대중 앞에 서서 할 수 있겠는가? 겁부터 난다. 안 해봤기 때문에 그럴 뿐이다. 막상 해보면 또 상황이 달라진다. 무조건 해보면 내가 생각했던 것과 다른 상황일 경우도 많다. 그동안 발견하지 못한 나의 잠재능력을 발견할 수도 있다. 강연하고, 책 쓰고, 이것이 나의 제2 직업이 될 수도 있는 것이다. 안 해본 것에 대해 두려워하지도 말고 거부하지도 말며 퇴직을 앞둔 사람이라면 책 쓰기를 도전하도록 해보자. 책 쓰기의 도전이 퇴직 후 가슴 떨리고 진정 사랑하는 일이 될 수 있다. 거기에다가 돈까지 버는 일이 될 수 있다.

퇴직을 해봤던 사람이라면 안다. 퇴직 전후로 얼마나 마음이 휑하고 공허하며 불안한지, 해보지 않은 사람은 속속들이 알지 못한다. 무엇으로 형언할 수 없는 박탈감이 생길 거다. 직장생활 아무리 열심히 한 사람이라도 예외 없다. 그럴 때 내가 쓴 책 한 권이 나에게 있다면 상황이 달라진다. 많이 달라진다. 내가 쓴 책 한 권이 비빌 언덕처럼 든든한 지원군이 되는 것이다. 직장인이라면 직장을 다니면서 할 수 있는 일, 바로 매일 A4, 2장 쓰면서 책 쓰기를 해보라고 이야기하고 싶다. 자금이 필요한 것도 아니고, 실패해도 손해 볼 일도 없다. 오히려 책 쓰기는 내가 한만큼 실력이고 자산이 된다. 어쩌면 책 한 권으로 나의 숨겨진 특별한 재능을 이산가족 상봉하듯 기쁜 마음으로 발견할 수도 있다. 또한 이것이 나의 제 2 직업도 될 수 있다. 어찌하였던 직장인에게 스스로 쓴 책 한 권이 세상 든든한 비빌 언덕이 될 것임을 강조한다.

책 한권이 나의 삶을 새롭게 세팅한다

처음, 필리핀을 찾을 때 나는 6개월 집 계약을 하고 비행기를 탔다. 왜냐하면 아이들이나 내가 적응을 잘 못 할 경우, 바로 짐 싸서 한국으로 돌아간다는 생각이 있었기 때문이다. 하지만 현재 6개월을 지나고 1년도 지나고 이제 2년을 향해 가고 있다. 필리핀 세부에서 시간은 생각보다 만족스럽다. 처음에 이곳을 올 때만 해도 필리핀이라 걱정을 많이 했다. 하지만 밖에서 보인 모습과 안에서 본 모습은 다르다는 것을 느끼게 되었다. 아이들도 특별히 문제없이 잘 적응하고 나 또한 내가 원하는 책 쓰기를 맘껏 할 수 있어 여유롭고 행복한 마음이 든다.

세부에서의 삶은 내 평생 없었던 특별한 삶으로 나의 삶을 새롭게 세팅한다. 아이들 학교 가고 난 다음, 나는 집안일을 하기보다는 책 쓰기를 먼저 한다. 매일 책 쓰기를 목표로 세워 두었기 때문에 하루 가장 중요한 이 일을 한다. 점심시간이 될 때까지 나의 책 쓰기는 이어진다. 12시가 되면 빌리지 바로 옆에 있는 아이들 학교에 간다. 그곳에서 아이들과 함께 점심

시간을 보낸다. 아이들은 도시락을 먹고, 나는 학교 내 매점에서 밥과 반찬을 사서 함께 먹는다. 매점이 3개 정도 있는데, 그 집중 한 집이 맛집이다. 당연 필리핀 현지 음식이고 가격도 100페소 이내로 최고의 가성비로 맛나고 푸짐하게 먹을 수 있다. 아이들도 좋아하는 음식이 있어 저렴하게 구매해서 도시락 반찬과 함께 먹을 수 있다. 그리고 오후에는 새롭게 등록한 세경 콘도의 헬스장에 가서 운동한다. 그리고 아이들 내일 도시락 반찬을 무엇으로 쌀까? 생각하면서 장을 본다. 때론 먹이를 챙겨 주는 길고양이와 우리 집 노견인 '모두'의 몸보신을 위해 고기를 사기도 한다. 지극히 평범한 삶이지만 평범하지만은 않고 한편으로는 특별한 지금의 삶이 세부 살이를 시작했기 때문에 가능하다. 세부 살이는 내 삶 전체를 새롭게 재 세팅하고 있다.

책 쓰기 또한 나의 삶을 새롭게 세팅했다. 책 쓰기를 통해서 나의 현재의 삶이 바뀌었다. 미래의 삶도 현재가 바뀌었기 때문에 당연히 변화가 일어나게 된다. 책 한 권을 쓰지 않았다면 나의 삶은 크게 변화되지 않았을 것이다. 평범한 직장 맘으로 아이도 평범하게 키우고, 나의 삶도 평범하게 그렇게 되었을 것이다. 지금은 책 한 권으로 나는 조금은 특별한 삶을 살게 되었다고 확실히 말할 수 있다. 나의 삶이 특별해졌기 때문에 나의 소중한 아이들의 삶도 달라졌다. 인생이 새롭게 세팅되었다. 아주 긍정적인 삶의 변화로 세팅되었다.

나이가 들수록 책 한 권은 써야 한다고 나는 강조하고 싶다. 그 이유는 우선 본인에게 아주 중요한 도움이 되기 때문이다. 나이가 들면 남자든 여자든 갱년기라는 것이 찾아온다. 사람에 따라 증상의 차이는 있지만, 갱년기라는 불청객을 만나게 된다. 아이들의 사춘기와 같다. 누군가는 말했다.

사춘기보다 갱년기의 증상이 더 변화무쌍하다고 했다. 갱년기 자체로 심리적, 신체적으로 고통을 받는 경우가 많다. 물론 대부분 지혜롭게 잘 넘기기는 하겠지만 그 과정에서 어려움이 있다. 내가 알고 있는 어떤 여자분은 도저히 책을 읽을 수가 없었다고 한다. 시력이 완전히 떨어졌고, 책을 조금이라도 읽으려고 하면 두통이 심해서 도저히 읽을 수 없다고 했다. 또한 밤에 잠도 잘 자지를 못 하고 잠이 겨우 들었더라도 새벽에 다시 깨서 항상 피곤하고 무기력하다고 한다.

나 또한 갱년기 증상이 있었다. 나는 친정 어머니에게 갱년기 증상에 대해서 여쭤보았다. 친정어머님은 나는 그런 것 없었다. 살기 바쁜데, 무슨 갱년기, 다 배불러서 하는 소리이지, 라고 일언지하에 잘라서 말하신다. 하지만 살기 바빠서 인지를 못 했을 뿐이지, 증상은 있었을 것이다. 바쁘게 사는 것도 갱년기 극복의 한 방법이긴 하겠다. 하지만 더 좋은 방법은 경험해보니, 책 쓰기를 하는 것이라 말하고 싶다. 나는 책 쓰기를 통해서 이런 증상을 극복하고 있다. 나의 경우는 신체적 증상이 아니라 심리적 증상으로 왔다. 우울감이 있고, 자신감이 떨어지고, 뭔가 불안감도 있었다. 하지만 내 인생 첫 책 한 권을 씀으로 인해 그런 심리적 부분도 잊어버리게 되었다. 내가 쓴 책 한 권으로 자존감을 챙길 수 있었고, 또 매일 쓰면서 우울한 감을 극복하고 활력 에너지를 충전 받을 수 있었다.

내가 쓴 책 한 권은 나 자신뿐 아니라 다른 사람에게도 도움이 된다. 책 쓰기를 통해서 나의 갱년기 우울감을 극복했다는 사실이 그 누군가에게는 갱년기 극복의 희소식일 수 있다. 사실 갱년기 우울감을 해결하기 위해 일반적으로 찾는 곳이 병원 아니면 운동하는 곳이다. 둘 다 좋은 처방이다. 하지만 이 두 가지가 자신에게는 맞지 않는 방법이라면 그 사람은 절망감을 느낄 수 있다. 그럴 때 내가 쓴 책으로 인해 책 쓰기를 알게 된다면, 그 사람은 절망감에서 벗어날 또 하나의 가능성을 기회로 얻게 되는 것이다. 누군가에게 도움이 될 수 있다는 사실은 아주 멋진 일이다.

책 쓰기 자체는 아주 멋진 일이다. 책 쓰기만큼 세상에 좋은 영향을 끼칠 수 있는 것도 없을 것이다. 나는 책 쓰기가 인생 아주 값진 일이라는 것을 깨달았다. 그래서 그것을 나의 삶에 적용하기로 했다. 혼자서 하는 작업이지만 사람에게 도움이 되는 책 쓰기를 매일 하기 위해 나는 하루를 3등분으로 세팅했다. 새벽, 오전, 오후로 구분했다. 새벽의 가치는 아무리 강조해도 과하지 않다. 새벽을 잠으로 버리는 것은 인생을 버리는 것과 같다. 새벽 시간을 활용한다면, 무엇이든지, 자신이 하고 싶은 일을 해낼 수 있다. 나는 이 귀한 새벽 시간에 읽고 쓰기로 했다. 특히 A4 2장 쓰기, 주 1 꼭지 쓰기를 매일 하려고 노력 중이다. 어떤 날은 쓰고, 어떤 날은 못 쓰지만 절대 중단하지 않기로 했다.

아이들이 학교에 간 후에 나의 2번째 시간, 오전 시간이 시작된다. 이때도 책 쓰기를 시도한다. 나의 의도대로 잘 진행이 된다면 오전 12시까지 1꼭지를 더 쓸 수 있다. 그럼 오전에 2꼭지를 쓰게 되는데, 이것은 정말 독하게 마음먹어야 가능하다. 새벽 1꼭지 쓰기로 충분히 만족할 수 있다. 오후 시간대는 운동한다. 책 쓰기를 하다 보니, 어깨가 자주 뭉친다. 처음에는 파스를 붙이고, 근육통 젤을 바르고 했지만, 지금은 그렇게 하지 않는다. 이것은 나에게 운동을 하라는 의미라고 받아들였다. 운동만큼 근육통을 치료하고 예방하는 것이 없다. 그래서 헬스장 등록을 했고, 매일은 아니지만, 일주일에 3번씩 잘 쓰기 위해 운동을 한다.

책 한 권이 시발점이 되어 책 쓰기가 나의 삶의 중심으로 세팅되었다. 책 쓰기를 젊었을 때부터 했었다면, 얼마나 좋았을까? 왜냐하면, 책 쓰기,

그것의 효과와 가치는 상상 이상으로 크기 때문이다. 아이들, 청소년들이 책을 쓴다면 학교에서 그렇게 키우려고 하는 창의성과 상상력, 기억력, 표현력, 독서습관을 잡을 수 있을 것이다. 20대, 30대에 책 쓰기를 했다면 인생 목표를 명확히 세우고 그것을 위해 전진하고 매일 발전할 수 있다. 하지만 지금이라도 책 쓰기를 알게 되어 천만다행이라 생각한다. 늦을 때란 없다. 지금 책 쓰기 할 수 있어서 나는 새로운 삶을 살고 있다. 나에게 도움이 되고 남에게 좋은 영향력을 끼칠 수 있기 때문에 나는 이것을 끝까지 하려고 한다. 이런 책 쓰기 중심 생활은 내가 쓴 책 한 권이 발단이 되었다. 책 한 권을 써보아야 좋은 것도 제대로 느낄 수 있다. 매일 A4 2장 쓰면서 책 쓰고 책 쓰기의 가치를 깨닫고 그것을 중심으로 살기를 권한다. 나는 현재 그렇게 살려고 노력하고 있다. 나는 생활 자체를 철저히 책 쓰기를 중심으로 세팅했다.

책 한 권이 나의 삶을 세팅한다. 책 한 권 썼을 뿐인데, 그 변화는 아주 크다. 긍정적으로 나의 삶 전체가 지금도, 앞으로도 변화될 것이다. 책 한 권이 2번째 책 쓰기를 가능하게 한다. 2번째 책 쓰기는 책 쓰기의 가치를 더욱 느끼는 기회가 된다. 또한, 삶을 책 쓰기 중심으로 재 세팅하는 시간이 된다. 사람은 좋은 것을 몰랐을 때 값없이 생각하지만, 그것이 좋다는 것을 깨닫고 알게 된다면 그것을 추구하게 된다. 책 쓰기가 딱 그것이다. 책 쓰기는 해보지 않았기 때문에 내 인생에 없어, 라고 단정해버린다. 그래서 매일 A4 2장 쓰기 도전하고 딱 한 권만 우선 써보자. 그 한 권으로 새로운 생활이 세팅되고, 새로운 삶이 펼쳐질 것이라 나는 장담한다. 새로운 삶은 당신이 만족해하고 행복할 수 있으며, 당신에 국한되지 않고, 주변에 있는 사람들이 그 긍정적인 영향을 받을 수 있는 삶이다. 책 한 권이 그런 삶이 될 수 있도록 당신의 삶을 새롭게 세팅할 것이다.

책 한 권으로 가슴 떨리는 삶을 시작해라

몇 일 전에 필리핀의 유명한 관광지인 모알보알을 다녀왔다. 필리핀 공휴일로 이틀 쉬는 시간을 활용해서 갔다 왔다. 필리핀에 온 지 1년 6개월 만에 처음 가는 여행이다. 현재 사는 공항이 있는 막탄과 막탄 보다는 조금 더 도시인 막탄 옆 세부만 오로지 왔다 갔다 다녔었는데, 이번에는 제대로 긴 시간 동안 차를 타고 간 여행이다. 새벽 4시에 출발해서 4시간 동안 버스를 타고 갔다. 필리핀 시외버스터미널도 처음이었다. 새벽임에도 사람들이 많았다. 특히 젊은 외국인들이 커다란 배낭을 메고 버스를 타는 모습이 많이 보인다. 버스 또한 많고, 터미널 자체도 넓었다. 마음이 설레었다. 아이들도 들뜬 기분이다. 특히 함께 하는 일행으로 인해 더욱 설레고 걱정되기도 하고 여러 감정이 교차하였다. 걱정되는 부분은 우리와 같이 가는 사람이 중국인과 필리핀이었기 때문이다.

중국인과 필리핀인, 이 두 사람은 부부이다. 이들 사이에 9살 아들이 있다. 그 아들은 수홍이, 정아와 같은 학교에 다니고 있다. 아이를 같은 학교에 보낸 학부모로서 서로 알게 되었다. 간혹 나는 점심시간에 아이의 학교에 가서 아이들과 같이 식사를 했는데, 그때 필리핀 아빠를 보게 되었다. 외모도 특이했다. 온몸에 문신을 하고 있는 아빠, 하지만 아이와 함께 점심을 먹으면서 아들을 알뜰살뜰 챙겨주는 모습이 눈에 띄었다. 생선이 나오면 생선 가시를 발라서 아이의 밥 위에 올려주고, 아이가 더워하면 물을 따라 입에 가져다주어 먹였다. 엄마는 보이지 않았다. 알고 보니, 엄마는 중국 사람인데, 상하이에 직장이 있어, 한 달에 한 번씩만 필리핀을 온다고 한다. 그래서 육아는 아빠가 전담하고 있었다. 점심시간에 오가며 인사하면서 알게 되었고, 엄마가 왔을 때 엄마가 수홍이, 정아 중국어 수업을 하게 되면서 또한 엄마도 알게 되었다.

언어 때문에 걱정이 되었지만, 걱정은 걱정일 뿐이었다. 해외 살이를 하면서 가장 취약한 것이 언어이다. 시간이 지나면서 서서히 극복되겠지만 지금은 아직 그런 단계가 아니다. 그래서 그 필리핀 아빠로부터 모알보알 여행을 제안받았을 때 고민했다. 영어가 원활하지 않은데 함께 가는 것이 괜찮을까? 생각했다. 하지만 결심했다. 비록 언어가 잘 통하지 않아도 문제 되지 않을 것이다. 바디 랭귀지도 있고, 정말 중요한 것은 언어가 아니라 마음이라고 믿으면서 함께 여행을 가기로 했다.

언어적인 문제 때문에 모알보알을 안 왔다면 정말 후회할 뻔했다. 모알보알 여행을 통해 2박 3일 짧은 시간이지만, 영어에 대해 더욱 익숙해졌고 필리핀에 대해 더욱 친근함을 느끼는 기회가 되었기 때문이다. 또한 모알보알 여행지를 사람들이 그렇게 찾는 이유도 알게 되었다. 아이들도 아주 신났다. 또한 필리핀인, 중국인, 한국인이 섞여 서로 마음을 나누고 정도 나누면서 즐겁게 보냈다. 내가 걱정한 문제들, 막상 그것이 현실이 되어

보니, 크게 문제가 되지 않았다. 혼자 부정적인 생각으로 부정적인 생각을 생산하면서 에너지를 뺐다. 새로운 것을 배우고 익히고 느낄 소중한 기회를 놓칠 뻔했다.

내 인생에서 책 쓰기도 마찬가지였다. 나는 모알보알 여행을 가기 전 언어적인 문제, 여러 현실적인 문제들로 걱정을 했다. 중국인, 필리핀인과 함께 여행 가는 자체를 고민했던 내가 여행을 갔다 와서는 정말 이것 안 했으면 후회했겠다고 생각하는 것처럼 책 쓰기를 하고 나면 비슷한 생각을 하게 된다.

첫 책을 쓸 때 나는 걱정거리가 많았다. 왜냐하면 내가 과연 그것을 쓸 수 있을까? 하는 스스로에 대한 의심 때문이었다. 그동안 글쓰기란 것을 해보지도 못했는데, 내가 어떻게 감히?, 라는 질문이 계속 고개를 쳐들었다. 또한 휴직 한 상태였지만 초등학교 저학년에 다니는 아이들이 방학 중이었다. 아이들 방학 때는 엄마들은 2배 이상 바빠진다. 하루 3끼, 매 끼니 영양가를 생각하면서 챙겨 먹여야지, 공부가 될 곳이나, 놀 곳도 수소문해서 함께 데리고 가야지, 마음의 여유가 없다. 이런 현실적인 문제들로 책 쓰기를 할 시간적인 틈이 없다. 가장 큰 문제는 뭐니 뭐니 해도 책 쓰기에 대한 스스로에 대한 불신이다.

사실, 국적이 다른 사람과의 여행이 걱정과는 달리 언어적인 부분에서 크게 문제가 되지 않았듯이, 책 쓰기를 한 번도 해보지 않았다는 사실이 책을 쓰는데, 크게 문제가 되지 않는다.

내 인생의 첫 책 《하루 한 권 독서법》을 쓰고 나서 나는 새로운 삶을 살고 있다. 내가 쓴 한 권의 책으로 삶이 달라진 것이다. 책 한권이 마중물이 되어 계속 책을 쓰고 있다. 읽고 쓰는 것이 자연스러운 나의 일상이 되고 있다. 책을 쓰면서 미래에 대한 계획이 분명해지고 있다. 이상한 일이다. 책 쓰기 전에는 나의 인생이 보이지 않았다. 그냥 열심히 직장 다니고 아이 키우고 그렇게 사는 것만 보였었다. 책 쓰기를 하면서 삶의 계획들이 생기고, 그 계획이 달성되었을 때의 나를 상상하면서 가슴 떨려한다. 이제 가슴 떨리는 삶을 위해 매일 조금씩 나는 그 일들을 하고 있다. 가슴 떨리는 삶을 향해 조금씩 다가가는 그 자체로 활기찬 일상을 살아간다.

책 쓰기가 당신에게 최고의 설렘을 안겨다 줄 것이다. 사람은 간혹 마음의 허탈함과 세월의 허망함을 채우기 위해 특별한 뭔가를 찾는다. 직장이 있든, 직장이 없든, 직장과는 상관이 없다. 젊은 사람은 자기계발을 위해 찾게 되고, 나이가 든 사람은 허망하게 지난 듯한 세월을 되찾고자 무엇인가를 열망하게 된다. 그래서 이곳저곳을 찾아다닌다. 그럴 필요가 없다. 책 쓰기만큼 자기계발 확실하고, 마음의 허망함과 울적함을 채워주는 것이 없다. 특히 누군가에게 나의 삶이 희망이 될 수 있다는 사실이 더욱 설레게 한다. 이런 것을 봤을 때 누구나 돕고 싶은 마음이 있음을 느낀다. 타고난 심정을 표현할 뿐 아니라 자신의 발전은 물론, 심리적인 문제까지 책 쓰기를 통해서 해결할 수 있다.

책 한 권으로 인해 나에게 부수입이 생긴다. 내가 쓴 책 한 권을 통해서 나는 알게 모르게 알려지게 된다. 나의 책을 읽는 사람이라면 나를 알게 된다. 그중 어떤 한 사람에게 책 쓰기에 대해 직접 배우고 듣고 싶다는 연락을 받을 수 있다. 만약 당신의 이야기가 사람들에게 울림을 준다면 다음에도 그런 기회는 자주 찾아올 것이다. 직장만 열심히 다녔는데, 나에게 새로운 일이 생기게 된다. 정말 가슴 떨리는 일이 생기게 된다. 나는 말하고 싶다. 누구나 자신을 표현하고 싶은 욕구를 가지고 있다. 그것이 털 계발되고 남 앞에 설 기회를 얻지 못해서 지금은 서툴 뿐이다. 남한테 서서 이야기하는 것이 긴장되고, 떨린다고 해서 자신을 표현하고자 하는 욕구가 사라지는 것은 아니다. 조금씩 자신을 표현하는 기회를 만들고, 다양한 방법으로 그런 시간을 가져본다면 멋진 강연가가 될 수 있을 것이다. 강연을 통해 새로운 부수입은 얻을 수 있다. 이 일은 아주 멋진 일이다. 수익을 만드는 새로운 메신저로 탄생하는 일이다. 처음에는 적게 시작하지만, 나중에는 그것이 어떻게 될지는 아무도 모르는 것이다.

직장만 있으면 행복한 것은 아니다. 직장이 있지만, 직장 안에서 힘들게 시간을 보내는 사람도 있다. 직장 일에 아무런 감정을 못 느끼고 다람쥐 쳇바퀴 돌 듯, 기계처럼 그 일을 반복하는 사람 또한, 있다. 나의 경우는, 예전에 직장이 있기 때문에 또 다른 일은 필요 없다고 생각했다. 완전히 잘못된 생각을 하고 살았다. 잘못된 생각으로 잘못된 삶이 이어졌다. 직장인이라면 오히려 더 직장 외의 자신이 좋아하는 일, 가슴 떨리는 일을 찾아서 하라고 이야기하고 싶다. 직장생활을 위해서도 그건 필요하다. 스스로 직장만이 전부라고 생각하며 삶을 소비하지 않기를 바란다. 책 쓰기를 해보길 바란다. 직장인일수록 더욱 그것을 해야 한다고 강조하고 싶다. 소소한 삶에서 가치를 발견하고 그 가치에 흥분되고 매일 벅차오르는 감정을 느낄 수 있게 하는 일이 바로 책 쓰기이기 때문이다. 틀에 박힌 삶보다 스스로 창조하는 삶을 책 쓰기 하면서 만들어 갈 수 있다. 직장 유무와 상관없이 당신이 쓴 책 한 권이 당신의 가슴을 뜨겁게 만들 것이다. A4 2장 쓰면서 책 쓰는 삶을 살며, 계속된 열정과 만족, 행복이 잔잔하게 뿜어져 나온다. 책 한 권 쓰고 진정 가슴 떨리는 삶을 시작하길 응원 드린다.